CD-ROMブック

わらべきみか

ベスト
イラストレーション

はる なつ あき ふゆ

チャイルド本社

ご利用の前に！
CD-ROM をご利用になる前に、必ずお読みください

動作環境について
本書付属の CD-ROM をご利用いただくには、以下のものが必要です。
◉パソコン
パソコンに CD-ROM ドライブ、または CD-ROM を読み込める DVD-ROM ドライブが装備されたもの。
◉対応 OS
[Windows] Windows Vista・Windows XP・Windows7
[Macintosh] Mac OS10.x
◉アプリケーションソフト
BMP 画像を扱えるアプリケーションソフト。

ご注意
本書付属の CD-ROM は、音楽 CD ではありません。パソコンの CD-ROM ドライブ、または CD-ROM を読み込める DVD-ROM ドライブのみでお使いください。
CD-ROM に収録されたデータは、BMP 形式の画像ファイルです。拡大するとぎざつきが目立つ場合があります。また、お使いのプリンターやディスプレイの設定などにより、イラストの色調が本書掲載物と異なる場合があります。

データの使用許諾について
本書付属の CD-ROM に収録されているイラストデータは、本書をご購入されたお客様のみに使用が許可され、営利を目的としない園だよりや学校新聞、プライベートなカード等に使用できます。園の広告、マーク、ホームページ（個人的なものを含む）などには無断で使用することはできません。
本書付属の CD-ROM に収録されているデータを無断でコピーおよび領布することは、著作権法上で固く禁じられています。

CD-ROM 取扱い上の注意
CD-ROM の裏面に汚れや傷をつけると、データが読み取れなくなる場合がありますので、取扱いには十分ご注意ください。
本書付属の CD-ROM を使用して生じたデータ消失、ハードウエアの破損等に関しましては、いかなるトラブルも補償できません。お使いのパソコンの説明書や注意をよく読んでからご使用ください。

＊ Microsoft Windows は、米国 Microsoft Corporation の登録商標です。Macintosh は、米国 Apple Inc. の商標です。その他、記載されている製品名は、各社の登録商標および商標です。本書では、商標登録マークなどの表記は省略しています。

はじめに

この本は、主に月刊保育雑誌に描いたイラストをまとめたもので、
私にとってカラーイラストのCD-ROM化は初めてです。
いつの間にこんなにたくさん描いたのかと思うほど、
季節にちなんだイラストがふんだんに詰め込まれています。

私はなるべくシンプルで分かりやすい絵を描くことを心がけていますが、
同時にかわいい絵でありたいとも思っています。

このイラスト集も、CD-ROMのイラストを使うほかに、
絵本のようにかたわらに置いて、
イラストの楽しさや季節感を
日々味わっていただけたらと思います。

わらべ きみか

Contents

この本について ………… P6

イラストアート
Illustration Arts

ポストカード
- 春　入園・卒園・ひなまつり・母の日 ・・・ P8
- 夏　父の日・七夕・暑中見舞い ・・・・・ P9
- 秋　お月見・運動会・遠足・ハロウィンほか ・・・ P10
- 冬　クリスマス・寒中見舞い ・・・・・ P11
- 年賀状 ・・・・・・・・・・・・・・ P12

グリーティングカード
- お誕生カード ・・・・・・・・・・ P13
- 名刺・ミニカード ・・・・・・・・ P14

ラッピングペーパー
- 包装紙 ・・・・・・・・・・・・・ P15

カレンダー
- マンスリーカレンダー ・・・・・ P16

シール
- スケジュールシール ・・・・・ P17
- マークシール ・・・・・・・・・ P18
- お名前シール ・・・・・・・・・ P19

作品ギャラリー ・・・・・・・・・ P20

カラーイラスト
Color Illustrations

春 Spring ・・・・・・・・・・ P24

春の草花／母の日／さくら／春の食べ物／ガーデニング／春の生き物／入園・卒園／新学期／ひなまつり／こどもの日

夏 Summer ・・・・・・・・・・ P34

夏の草花／夏の生き物／梅雨／虫とり／キャンプ／夏野菜／夏の食べ物／砂浜あそび／プール／海／海の生き物／船／七夕／きもだめし／花火／お祭り

秋 Autumn ・・・・・・・・・・ P44

秋の草花／収穫／紅葉／秋の食べ物／秋の生き物／芸術の秋／音楽会／いも掘り／遠足／読書／お絵描き／敬老の日／運動会／七五三／お月見／ハロウィン

冬 Winter ········· P56

雪／冬の衣服／温泉／雪あそび／スケート／クリスマス／プレゼント／パーティー／バレンタインデー／もちつき／年越し／お正月／節分

オールシーズン All Seasons ········· P66

食べ物／料理／お店／お弁当／手洗い／うがい／歯みがき／健康／睡眠／生活／あそび／道具／時計／おもちゃ／生き物／乗り物／働く車／安全／防災／建物／町並み／自然・気象／飾り罫

モノクロイラスト Monochrome Illustrations

春 Spring ········· P82

春の草花／春の生き物／春の自然／野外あそび／母の日／入園・卒園／新学期／ひなまつり／こどもの日

夏 Summer ········· P88

夏の自然／虫とり／梅雨／父の日／七夕／きもだめし／お祭り／夏野菜／海／砂浜あそび／プール

秋 Autumn ········· P94

秋の自然／収穫／いも掘り／運動会／お月見／遠足／防災／敬老の日／音楽会／七五三／読書／お絵描き／ハロウィン

冬 Winter ········· P100

冬の自然／雪あそび／スケート／お正月／冬のあそび／冬の衣服／クリスマス／もちつき／節分／温泉／バレンタインデー

オールシーズン All Seasons ········· P106

食べ物／料理／手洗い／歯みがき／健康／着替え／睡眠／生活習慣／室内あそび／外あそび／道具／おもちゃ／安全／乗り物／宇宙／生き物／赤ちゃん／保育者／お誕生会／プレゼント

飾り罫　横／縦／角
見出し　行事／フリー／園だより／クラスだより／お知らせ・お願いなど

CD-ROMの使い方 ··· P127

この本について

この本には、さまざまなシーンで役立つ
イラストがたくさん入っています。
園のおたよりやお誕生カードなど、目的に合わせてご活用ください。
また、豊富なカラーイラストをシール用紙や布などに
プリントすれば、自分だけのオリジナルグッズも簡単に作れます。
春夏秋冬、一年を通してかわいいイラストをお楽しみください。

イラストデータについて

本書に掲載されているイラストアート（P8～19）、カラーイラスト（P24～80）、モノクロイラスト（P82～126）のデータは、付属のCD-ROMに収録されています。データは、季節やページごとにまとまってフォルダに入っています。

CD-ROMの階層

フォルダは下の図のような階層になっています。

カラーイラスト

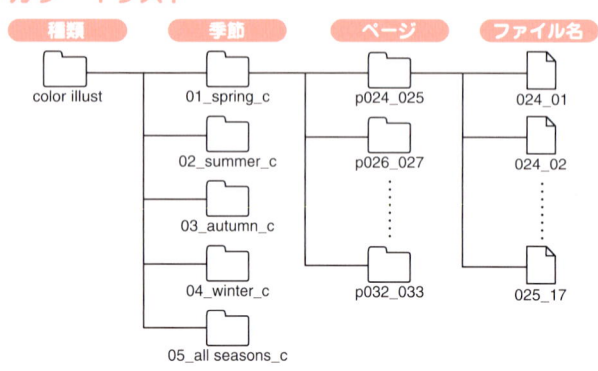

種類	季節	ページ	ファイル名
color illust	01_spring_c	p024_025	024_01
	02_summer_c	p026_027	024_02
	03_autumn_c	⋮	⋮
	04_winter_c	p032_033	025_17
	05_all seasons_c		

イラストアート

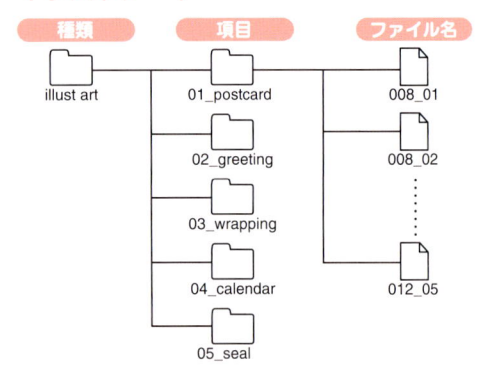

種類	項目	ファイル名
illust art	01_postcard	008_01
	02_greeting	008_02
	03_wrapping	⋮
	04_calendar	012_05
	05_seal	

モノクロイラスト

種類	季節	ページ	ファイル名
mono illust	01_spring_m	p082_083	082_01
	02_summer_m	p084_085	082_02
	03_autumn_m	p086_087	⋮
	04_winter_m		083_16
	05_all seasons_m		

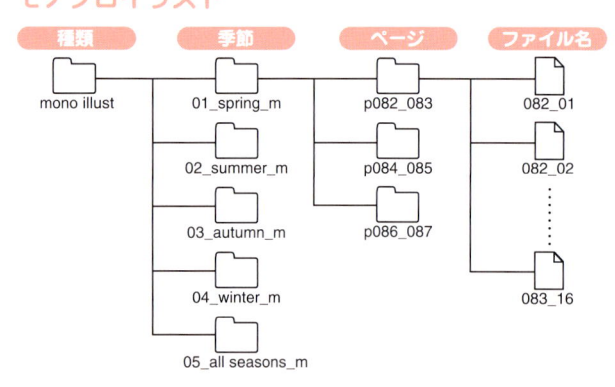

イラストページの見方

カラーイラスト、モノクロイラストを
掲載しているページの見方です。

CD-ROMの階層

このページに掲載しているイラストの
データが、CD-ROM ではどのフォルダ
に入っているかを示しています。

メインインデックス

季節で分けたインデックスで
す。春・夏・秋・冬・オール
シーズンに分かれています。

項目

このページの主なテーマで
す。季節のカードや園だよ
りなどを作る際に、イラス
トを選ぶ目安になります。

ファイル名

CD-ROM に収録されている
イラストデータの名前です。

サブインデックス

生き物・食べ物など、ジャン
ルで分けたインデックスで
す。"乗り物のイラストを使
いたい" "園行事のイラスト
を探したい"という場合には、
ここが参考になります。

illust art ▶ 01_postcard

入園・卒園・ひなまつり・母の日

イラストアート

ポストカード・春

おかあさん ありがとう

008_01

008_02

008_03

008_04

008_05

※はがきサイズになっています。印刷してお使いください。

illust art ▶ 01_postcard

父の日・七夕・暑中見舞い

イラストアート

ポストカード・夏

009_01

009_02

009_03

009_04

009_05

9

illust art ▶ 01_postcard

お月見・運動会・遠足・ハロウィン・敬老の日

イラストアート　ポストカード・秋

010_01

010_02

010_03

010_04

010_05

※はがきサイズになっています。印刷してお使いください。

| illust art ▶ 01_postcard | クリスマス・寒中見舞い

011_01

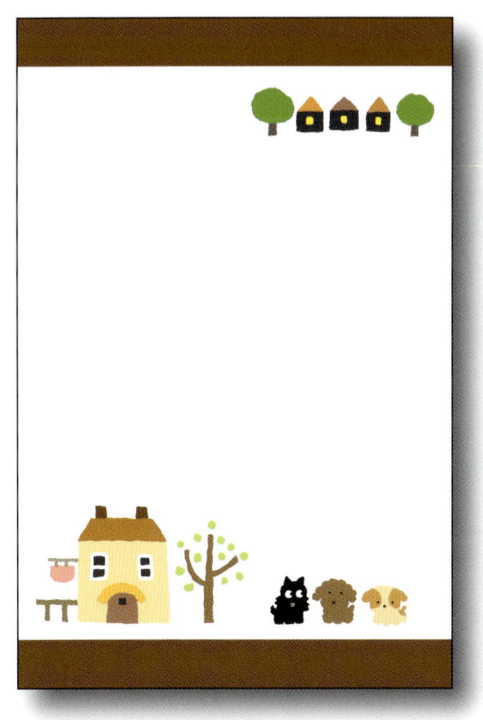

011_02

011_03

011_04

011_05

イラストアート

ポストカード・冬

11

illust art ▶ 01_postcard

年賀状

イラストアート

ポストカード・年賀状

あけまして
おめでとうございます

012_01

012_02

あけましておめでとうございます

012_03

012_04

012_05

※はがきサイズになっています。印刷してお使いください。

illust art ▶ 02_greeting

お誕生カード

イラストアート　グリーティングカード

013_01

013_02

013_03

013_04

013_05

おたんじょうびおめでとうございます

13

illust art ▶ 02_greeting

名刺・ミニカード

イラストアート
グリーティングカード

014_01

014_02

014_03

014_04

014_05

014_06

014_07

※名刺サイズになっています。市販の名刺用プリント用紙を使うと便利です。

14

illust art ▶ 03_wrapping   包装紙

015_01

015_02

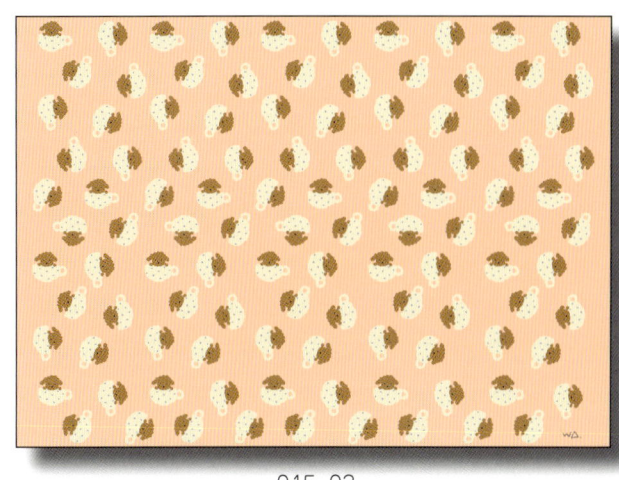

015_03

015_04

015_05

015_06

※ A4 サイズになっています。用途に合わせて印刷してお使いください。

イラストアート　ラッピングペーパー

15

illust art ▶ 04_calendar

マンスリーカレンダー

イラストアート　カレンダー

016_01

※各月のイラスト

016_02　016_03　016_04　016_05　016_06　016_07

016_08　016_09　016_10　016_11　016_12

※データは月ごとのカレンダーの形になっています。右上のイラストが各月に入っています。

※A4サイズになっています。コピー用紙などに印刷し、日付を書き込んでお使いください。

illust art ▶ 05_seal

スケジュールシール

イラストアート　シール

017_01

※ A4サイズになっています。市販のシール用紙などに印刷してお使いください。

illust art ▶ 05_seal

マークシール

イラストアート シール

018_01

※ A4 サイズになっています。市販のシール用紙やアイロンプリント用紙などに印刷してお使いください。

illust art ▶ 05_seal

お名前シール

019_01

※A4サイズになっています。市販のシール用紙やアイロンプリント用紙などに印刷してお使いください。

作品ギャラリー

付属のCD-ROMに収録したイラストデータを使って作った作品をご紹介します。あなたの作品作りの参考として、お役立てください。

お誕生会に

紙バッグのデコレーションに

サインプレートに

ブックカバーやポチ袋に

フックやクリップをアレンジ

ノートや手帳に

21

作品ギャラリー

文房具のお名前シールに

お弁当グッズに

Back print

洋服にちょこっとワンポイント

カラーイラスト
Color Illustrations

Spring

Summer

Autumn

Winter

春の草花 母の日 さくら

color illust ▶ 01_spring_c ▶ p024_025

春 Spring

024_01
024_02 
024_03 
024_04 
024_05 
024_06 
024_07 
024_08 
024_09 
024_10 
024_11 
024_12 
024_13 
024_14 
024_15 
024_16  
024_17 
024_18 
024_19 
024_20 

24

025_01　025_02　025_03　025_04

025_05　025_06

025_07　025_08　025_09　025_10　025_11

025_12　025_13

025_14　025_15　025_16　025_17

color illust ▶ 01_spring_c ▶ p026_027

春の食べ物 ガーデニング 春の生き物

026_01 026_02 026_03 026_04 026_05

026_06 026_07 026_08 026_09

026_10 026_11 026_12 026_13

026_14 026_15 026_16 026_17

26

027_01　027_02　027_03　027_04　027_05

027_06　027_07　027_08　027_09

027_10　027_11　027_12　027_13　027_14

027_15　027_16　027_17　027_18　027_19

027_20　027_21

はる

27

color illust ▶ 01_spring_c ▶ p028_029

春の生き物

028_01

028_02

028_03

028_04

028_05

028_06

028_07

028_08

028_09

028_10

028_11

028_12

028_13

028_14

028_15

028_16

28

029_01

029_02

029_03

029_04

029_05

029_06

029_07

029_08

029_09

029_10

029_11

029_12

029_13

029_14

はる

29

color illust ▶ 01_spring_c ▶ p030_031

入園・卒園 新学期

030_01
030_02 
030_03 
030_04 
030_05 
030_06 
030_07 
030_08 
030_09 
030_10 
030_11 
030_12 
030_13 
030_14 
030_15 
030_16 
030_17 
030_18 
030_19

031_01 031_02 031_03 031_04
031_05 031_06 031_07
031_08 031_09 031_10
031_11 031_12 031_13

はる
なつ
あき
ふゆ
植物自然
生き物
園行事・イベント
生活・道具
食べ物
乗り物

31

color illust ▶ 01_spring_c ▶ p032_033

ひなまつり こどもの日

032_01

032_02

032_03

032_04

032_05

032_06

032_07

032_08

032_09

032_10

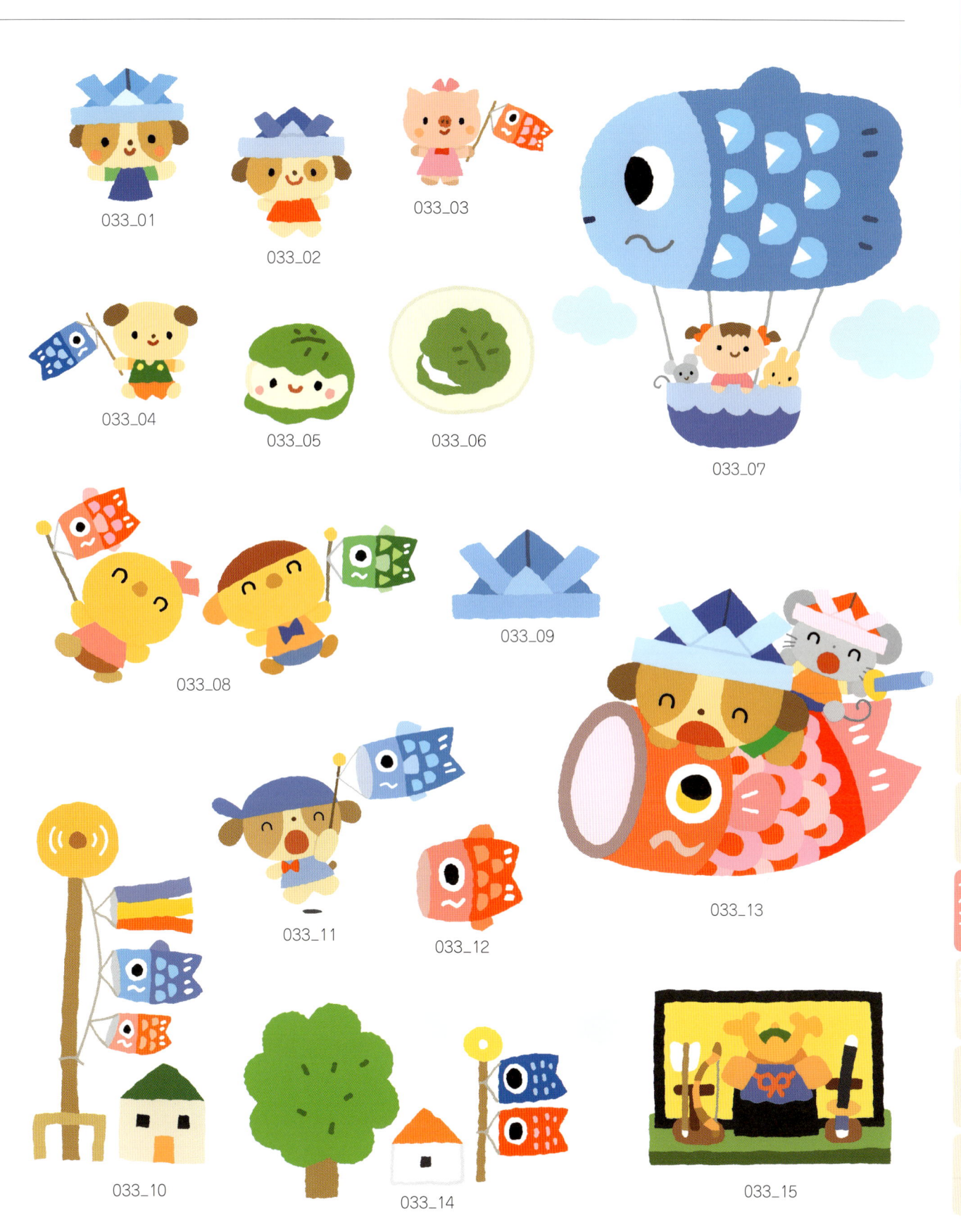

033_01
033_02
033_03
033_04
033_05
033_06
033_07
033_08
033_09
033_10
033_11
033_12
033_13
033_14
033_15

はる
なつ
あき
ふゆ
植物・自然
生き物
園行事・イベント
生活・健康
食べ物
乗り物

33

color illust ▶ 02_summer_c ▶ p034_035

夏の草花　夏の生き物　梅雨

Summer 夏

034_01　034_02

034_03　034_04　034_05　034_06　034_07

034_08　034_09　034_10　034_11　034_12

034_13　034_14　034_15　034_16

034_17　034_18　034_19　034_20

34

035_01　035_02

035_03　035_04　035_05

035_06　035_07　035_08　035_12

035_09　035_10　035_11

035_13　035_14　035_15

color illust ▶ 02_summer_c ▶ p036_037

夏の生き物 虫とり キャンプ 夏野菜

036_01

036_02

036_03

036_04

036_05

036_06

036_07

036_08

036_09

036_10

036_11

036_12

036_13

036_14

036_15

36

037_01 037_02 037_03 037_04 037_05
037_06 037_07 037_08
037_09 037_10 037_11
037_12 037_13 037_14
037_15 037_16 037_17

color illust ▶ 02_summer_c ▶ p038_039

夏の食べ物 砂浜あそび プール

038_01

038_02

038_03

038_04

038_05

038_06

038_07

038_08

038_09

038_10

038_11

038_12

038_13

38

039_01 039_02 039_03

039_04 039_05 039_06

039_07

039_08 039_09 039_10

039_11 039_12 039_13 039_14

なつ

39

color illust ▶ 02_summer_c ▶ p040_041

海 海の生き物 船

040_01

040_02

040_03

040_04

040_05

040_06

040_07

040_08

040_09

040_10

040_11

040_12

040_13

040_14

040_15

40

041_01

041_02

041_03

041_04

041_05

041_06

041_07

041_08

041_09

041_10

041_11

041_12

041_13

041_14

041_15

041_16

なつ

生き物

乗り物

41

color illust ▶ 02_summer_c ▶ p042_043

七夕 きもだめし 花火 お祭り

042_01
042_02
042_03
042_04
042_05
042_06
042_07
042_08
042_09
042_10
042_11
042_12
042_13
042_14
042_15
042_16

42

043_01

043_02

043_03

043_04

043_05

043_06

043_08

043_07

043_09

043_10

043_11

color illust ▶ 03_autumn_c ▶ p044_045

秋の草花 収穫 紅葉

Autumn 秋

044_01

044_02

044_03

044_04

044_05

044_06

044_07

044_08

044_09

044_10

044_11

044_12

44

045_01

045_02

045_03

045_04

045_05

045_06

045_07

045_08

045_09

045_10

045_11

045_12

045_13

045_14

あき

45

color illust ▶ 03_autumn_c ▶ p046_047

秋の食べ物　秋の生き物　芸術の秋

046_01

046_02

046_03

046_04

046_05

046_06

046_07

046_08

046_09

046_10

046_11

046_12

046_13

046_14

046_15

046_16

46

047_01

047_03

047_02

047_04

047_07

047_06

047_05

047_08

047_09

047_10

47

音楽会

color illust ▶ 03_autumn_c ▶ p048_049

048_01

048_02

048_03

048_04

048_05

048_06

048_07

048_08

48

049_01

049_02

049_03

049_04

049_05

049_06

049_07

049_08

049_09

049_10

049_11

049_12

color illust ▶ 03_autumn_c ▶ p050_051

いも掘り　遠足

050_01

050_02

050_03

050_04

050_05

050_06

050_07

050_08

050_09

050_10

050_11

050_12

050_13

50

051_01

051_02

051_03

051_06

051_04

051_05

051_07

051_08

051_09

051_10

051_11

051_12

051_13

51

color illust ▶ 03_autumn_c ▶ p052_053

読書 お絵描き 敬老の日 運動会

052_01

052_02

052_03

052_04

052_05

052_07

052_06

052_08

052_09

052_10

052_11

052_12

052_13

052_14

52

053_01

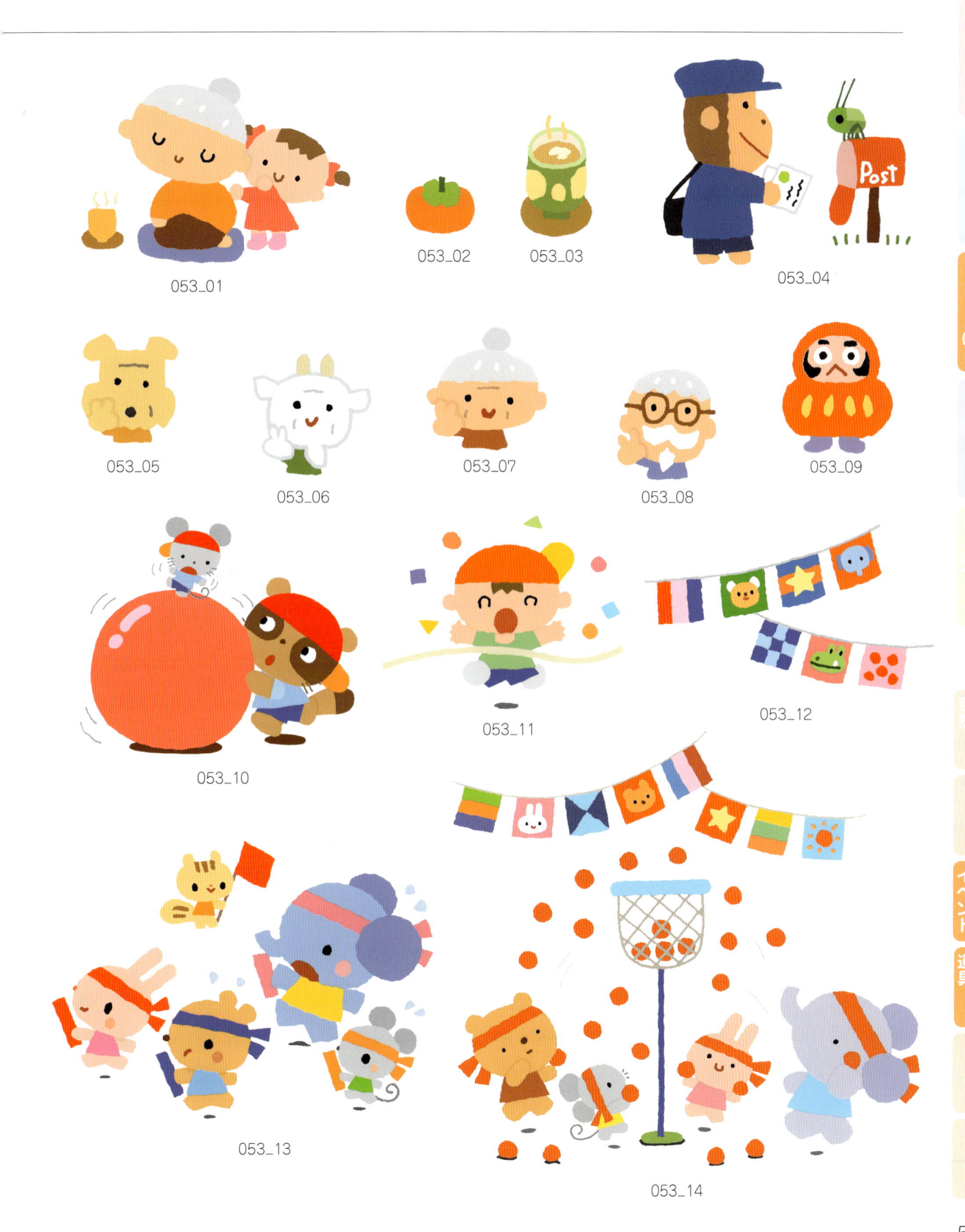

053_02

053_03

053_04

053_05

053_06

053_07

053_08

053_09

053_10

053_11

053_12

053_13

053_14

color illust ▶ 03_autumn_c ▶ p054_055

七五三 お月見 ハロウィン

054_01

054_02

054_03

054_04

054_05

054_06

054_07

054_08

54

055_01

055_02

055_03

055_04

055_05

055_06

055_07

055_08

055_09

color illust ▶ 04_winter_c ▶ p056_057

雪　冬の衣服　温泉

056_01

056_02

056_03

056_04

056_05

056_06

056_07

056_08

056_09

056_10

056_11

056_12

056_13

56

057_01

057_02

057_03

057_04

057_05

057_06

057_07

057_08

057_09

057_10

57

color illust ▶ 04_winter_c ▶ p058_059

雪あそび スケート クリスマス

058_01
058_02
058_03
058_04
058_05
058_06
058_07
058_08
058_09
058_10
058_11
058_12
058_13
058_14
058_15

58

059_01　　　　　　　　　059_02　　　　　059_03　　059_04

059_05　　　059_06　　　059_07

059_08　059_09　　059_10　　059_11

059_12　059_13　059_14

059_15　　　　　　　　　　059_16

59

color illust ▶ 04_winter_c ▶ p060_061

クリスマス プレゼント パーティー バレンタインデー

060_01

060_02

060_03

060_04

060_05

060_06

060_07

060_08

060_09

060_10

060_11

060_12

060_13

60

061_01　061_02　061_03　061_04

061_05　061_06　061_07　061_08　061_09

061_10　061_11　061_12

061_13　061_14　061_15　061_16

61

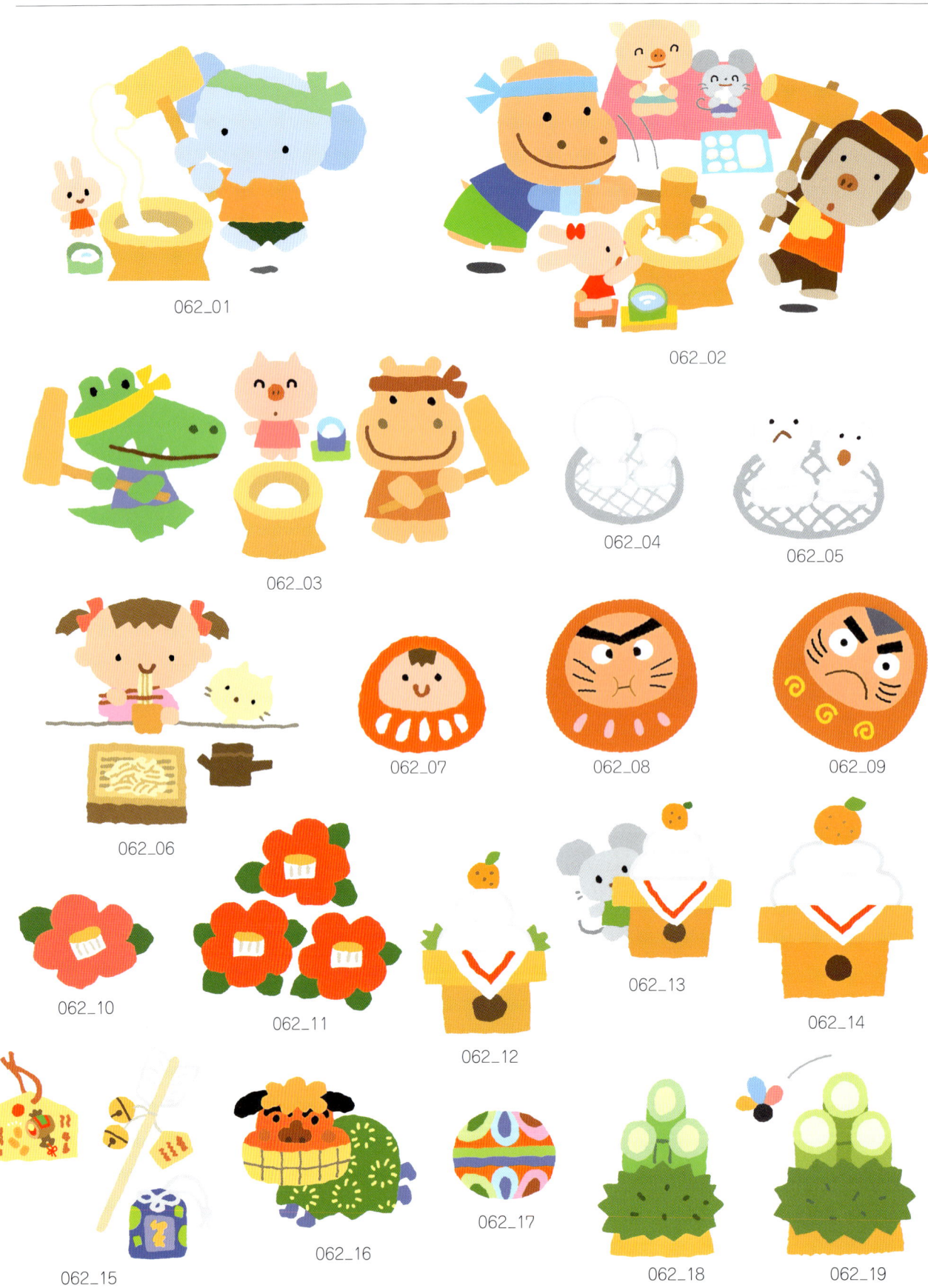

color illust ▶ 04_winter_c ▶ p062_063

もちつき 年越し お正月

062_01

062_02

062_03

062_04

062_05

062_06

062_07

062_08

062_09

062_10

062_11

062_12

062_13

062_14

062_15

062_16

062_17

062_18

062_19

62

063_01

063_02

063_03

063_04

063_05

063_06

063_07

063_08

063_09

063_10

63

color illust ▶ 04_winter_c ▶ p064_065

お正月 節分

064_01

064_02

064_03

064_04

064_05

064_06

064_07

064_08

064_09

064_10

064_11

064_12

64

065_01

065_02

065_03

065_04

065_05

065_06

065_07

065_09

065_08

065_10

065_11

65

color illust ▶ 05_all seasons_c ▶ p066_067

食べ物 料理 お店

オールシーズン
All Seasons

066_01

066_02

066_03

066_04

066_05

066_06

066_07

066_08

066_09

066_10

066_11

066_12

066_13

066_14

066_15

066_16

66

067_01

067_02

067_03

067_04

067_05

067_06

067_07

067_08

お弁当　手洗い　うがい　歯みがき　健康　睡眠

068_01

068_02

068_03

068_04

068_05

068_06

068_07

068_08

068_09

068_10

068_11

068_12

068_13

68

069_01

069_02

069_03

069_04

069_05

069_06

069_07

069_08

069_09

069_10

069_11

069_12

069_13

069_14

color illust ▶ 05_all seasons_c ▶ p070_071

生活 あそび

070_01

070_02

070_03

070_04

070_05

070_06

070_07

070_08

070_09

070_10

070_11

070_12

070_13

071_01

071_02

071_03

071_04

071_05

071_06

071_07

071_08

071_09

071_10

071_11

071_12

71

color illust ▶ 05_all_seasons_c ▶ p072_073

道具 時計 おもちゃ

072_01

072_02

072_03

072_04

072_05

072_06

072_07

072_08

072_09

072_10

072_11

072_12

072_13

072_14

072_15

072_16

072_17

072_18

072_19

073_01　073_02　073_03　073_04　073_05

073_06　073_07　073_08　073_09　073_10

073_11　073_12　073_13　073_14　073_15

073_16　073_17

生き物

color illust ▶ 05_all seasons_c ▶ p074_075

074_01

074_02

074_03

074_04

074_05

074_06

074_07

074_08

074_09

074_10

074_11

074_12

074_13

074_14

075_01
075_02
075_03
075_04
075_05
075_06
075_07
075_08
075_09
075_10
075_11
075_12
075_13
075_14
075_15

75

color illust ▶ 05_all seasons_c ▶ p076_077

乗り物 働く車 安全 防災

076_01

076_02

076_03

076_04

076_05

076_06

076_07

076_08

076_09

076_10

076_11

076_12

076_13

076_14

076_15

076_16

076_17

076_18

077_01

077_02

077_03

077_04

077_05

077_06

077_07

077_08

077_09

077_10

077_11

077_12

077_13

077_14

077_15

77

color illust ▶ 05_all seasons_c ▶ p078_079

建物 町並み 自然・気象

078_01

078_02

078_03

078_04

078_05

078_06

078_07

078_08

078_09

078_10

078_11

078_12

078_13

078_14

078_15

078_16

78

079_01
079_02
079_03
079_04
079_05
079_06
079_07
079_08
079_09
079_10
079_11
079_12
079_13
079_14

79

飾り罫

color illust ▶ 05_all seasons_c ▶ p080

080_01	080_13	080_25
080_02	080_14	080_26
080_03	080_15	080_27
080_04	080_16	080_28
080_05	080_17	080_29
080_06	080_18	080_30
080_07	080_19	080_31
080_08	080_20	080_32
080_09	080_21	080_33
080_10	080_22	080_34
080_11	080_23	080_35
080_12	080_24	080_36

モノクロイラスト
Monochrome Illustrations

Spring

Summer

Autumn

Winter

mono illust ▶ 01_spring_m ▶ p082_083

春の草花　春の生き物

Spring 春

082_01
082_02 
082_03 
082_04 
082_05 
082_06 
082_07 
082_08 
082_09 
082_10 
082_11 
082_12 
082_13 
082_14 
082_15 
082_16 
082_17 
082_18 

82

083_01　083_02　083_03
083_04　083_05　083_06　083_07
083_08　083_09　083_10
083_11　083_12　083_13　083_14
083_15　083_16

はる　なつ　あき　ふゆ　オールシーズン　植物・自然　生き物　行事・イベント　生活・道具　食べ物　乗り物

83

mono illust ▶ 01_spring_m ▶ p084_085

春の自然 野外あそび 母の日

084_01
084_02
084_03
084_04
084_05
084_06
084_07
084_08
084_09
084_10
084_11
084_12
084_13
084_14
084_15
084_16
084_17

84

085_01　085_02　085_03
085_04　085_05　085_06
085_07　085_08　085_09
085_10　085_11　085_12　085_13
085_14　085_15　085_16　085_17

はる　なつ　あき　ふゆ　オールシーズン　植物・自然　生き物　園行事・イベント　生活・道具　食べ物　乗り物

85

mono illust ▶ 01_spring_m ▶ p086_087

入園・卒園 新学期 ひなまつり こどもの日

086_01

086_02

086_03

086_04

086_05

086_06

086_07

086_08

086_09

086_10

086_11

086_12

086_13

086_14

086_15

086_16

86

087_01
087_02
087_03
087_04
087_05
087_06
087_07
087_08
087_09
087_10
087_11
087_12
087_13
087_14
087_15
087_16
087_17
087_18
087_19

はる
なつ
あき
ふゆ
オールシーズン
植物・自然
生き物
園行事・イベント
生活・道具
食べ物
乗り物

mono illust ▶ 02_summer_m ▶ p088_089

夏の自然 虫とり 梅雨 父の日

088_01
088_02 
088_03 
088_04 
088_05 
088_06 
088_07 
088_08 
088_09 
088_10 
088_11 
088_12 
088_13 
088_14 
088_15 
088_16 
088_17 
088_18 
088_19 

88

089_01
089_02
089_03
089_04
089_05
089_06
089_07
089_08
089_09
089_10
089_11
089_12
089_13
089_14
089_15
089_16
089_17
089_18
089_19

はる なつ あき ふゆ オールシーズン 植物・自然 生き物 園行事・イベント 生活・道具 食べ物 乗り物

七夕 きもだめし お祭り 夏野菜

090_01
090_02
090_03
090_04
090_05
090_06
090_07
090_08
090_09
090_10
090_11
090_12
090_13
090_14
090_15

091_01 091_02 091_03
091_04 091_05 091_06 091_07 091_08
091_09 091_10 091_11
091_12 091_13 091_14 091_15
091_16 091_17 091_18

はる なつ あき ふゆ オールシーズン 植物・自然 生き物 園行事・イベント 生活・道具 食べ物 乗り物

91

mono illust ▶ 02_summer_m ▶ p092_093

海 砂浜あそび プール

092_01

092_02

092_03

092_04

092_05

092_06

092_07

092_08

092_09

092_10

092_11

092_12

092_13

092_14

092_15

092_16

092_17

92

093_01　093_02　093_03　093_04
093_05　093_06　093_07
093_08　093_09　093_10　093_11　093_12
093_13　093_14　093_15　093_16
093_17　093_18　093_19

はる なつ あき ふゆ オールシーズン 植物・自然 生き物 園行事・イベント 生活・道具 食べ物 乗り物

mono illust ▶   03_autumn_m ▶   p094_095

秋の自然 収穫 いも掘り

094_01
094_02  
094_03 
094_04 
094_05 
094_06 
094_07 
094_08 
094_09 
094_10 
094_11 
094_12 
094_13 
094_14 
094_15 
094_16
094_17 
094_18

095_01 095_02 095_03
095_04 095_05 095_06 095_07
095_08 095_09 095_12
095_10 095_11
095_13 095_14 095_15 095_16
095_17 095_18 095_19 095_20

95

mono illust ▶ 03_autumn_m ▶ p096_097

運動会 お月見 遠足 防災 敬老の日

096_01
096_02
096_03
096_04
096_05
096_06
096_07
096_08
096_09
096_10
096_11
096_12
096_13
096_14
096_15
096_16
096_17
096_18
096_19

96

097_01　097_02　097_03
097_04
097_05
097_06　097_07　097_08
097_09　097_10　097_11
097_12　097_13　097_14　097_15　097_16
097_17　097_18　097_19　097_20　097_21

はる
なつ
あき
ふゆ
オールシーズン
植物・自然
生き物
園行事・イベント
生活・道具
食べ物
乗り物

97

mono illust ▶ 03_autumn_m ▶ p098_099

音楽会 七五三 読書 お絵描き ハロウィン

098_01
098_02
098_03
098_04
098_05
098_06
098_07
098_08
098_09
098_10
098_11
098_12
098_13
098_14
098_15
098_16
098_17
098_18
098_19

98

099_01 099_02 099_03 099_04 099_05
099_06 099_07 099_08 099_09
099_10 099_11 099_12
099_13  099_14  099_15 
099_16  099_17  099_18  099_19 

はる なつ あき ふゆ オールシーズン 植物・自然 生き物 園行事・イベント 生活・道具 食べ物 乗り物

99

mono illust ▶ 04_winter_m ▶ p100_101

冬の自然 雪あそび スケート

Winter 冬

100_01
100_02
100_03
100_04
100_05
100_06
100_07
100_08
100_09
100_10
100_11
100_12
100_13
100_14
100_15
100_16
100_17
100_18

100

101_01　　　　101_02　　　　　101_03

101_04　　101_05　　101_06　　101_07

101_09　　101_10

101_08

101_11　　101_12　　101_13　　101_14

101_15　　101_16　　101_17　　101_18

はる　なつ　あき　ふゆ　オールシーズン　植物・自然　生き物　国行事・イベント　生活・道具　食べ物　乗り物

101

mono illust ▶ 04_winter_m ▶ p102_103

お正月 冬のあそび 冬の衣服

102_01
102_02
102_03
102_04
102_05
102_06
102_07
102_08
102_09
102_10
102_11
102_12
102_13
102_14
102_15
102_16

103_01
103_02
103_03
103_04
103_05
103_06
103_07
103_08
103_09
103_10
103_11
103_12
103_13
103_14
103_15
103_16
103_17
103_18
103_19

103

mono illust ▶ 04_winter_m ▶ p104_105

クリスマス　もちつき　節分　温泉　バレンタインデー

104_01

104_02

104_03

104_04

104_05

104_06

104_07

104_08

104_09

104_10

104_11

104_12

104_13

104_14

104_15

104_16

104_17

104_18

104_19

104_20

104

105_01 105_02 105_03 105_04

105_05 105_06 105_07

105_08 105_09

105_10 105_11 105_12 105_13

105_14 105_15 105_16 105_17

はる　なつ　あき　ふゆ　オールシーズン　植物・自然　生き物　園行事・イベント　生活・道具　食べ物　乗り物

105

mono illust ▶ 05_all seasons_m ▶ p106_107

食べ物 料理 手洗い 歯みがき 健康

オールシーズン
All Seasons

106_01
106_02 
106_03 
106_04 
106_05 
106_06 
106_07 
106_08 
106_09 
106_10 
106_11 
106_12 
106_13 
106_14 
106_15 
106_16 
106_17 
106_18 

106

107_01 手を洗いましょう！
107_02
107_03 歯をみがきましょう！
107_04
107_05
107_06
107_07
107_08
107_09
107_10
107_11
107_12
107_13
107_14
107_15
107_16
107_17
107_18
107_19 しんちょう cm
107_20 たいじゅう kg

mono illust ▶ 05_all seasons_m ▶ p108_109

着替え 睡眠 生活習慣 室内あそび 外あそび

108_01
108_02
108_03
108_04
108_05
108_06
108_07
108_08
108_09
108_10
108_11
108_12
108_13
108_14
108_15
108_16
108_17
108_18
108_19
108_20
108_21

109_01　109_02　109_03

109_04　109_05　109_06

109_07　109_08　109_09　109_10　109_11

109_12　109_13

109_14　109_15

109

道具 おもちゃ 安全 乗り物 宇宙

mono illust ▶ 05_all seasons_m ▶ p110_111

110_01
110_02
110_03
110_04
110_05
110_06
110_07
110_08
110_09
110_10
110_11
110_12
110_13
110_14
110_15
110_16
110_17
110_18
110_19
110_20
110_21
110_22

110

111_01	111_02
111_03	111_04
111_05	111_06
111_07	111_08
111_09	111_10
111_11	111_12
111_13	111_14
111_15	111_16
111_17	

はる
なつ
あき
ふゆ
オールシーズン
植物・自然
生き物
園行事・イベント
生活・道具
食べ物
乗り物

mono illust ▶ 05_all seasons_m ▶ p112_113

生き物 赤ちゃん 保育者 お誕生会 プレゼント

112_01
112_02
112_03
112_04
112_05
112_06
112_07
112_08
112_09
112_10
112_11
112_12
112_13
112_14
112_15
112_16
112_17
112_18
112_19
112_20
112_21

112

おたんじょうび
おめでとう

おめでとう

113_01
113_02
113_03
113_04
113_05
113_06
113_07
113_08
113_09
113_10

ありがとう

113_11
113_12
113_13
113_14
113_15
113_16
113_17
113_18

飾り罫（横）

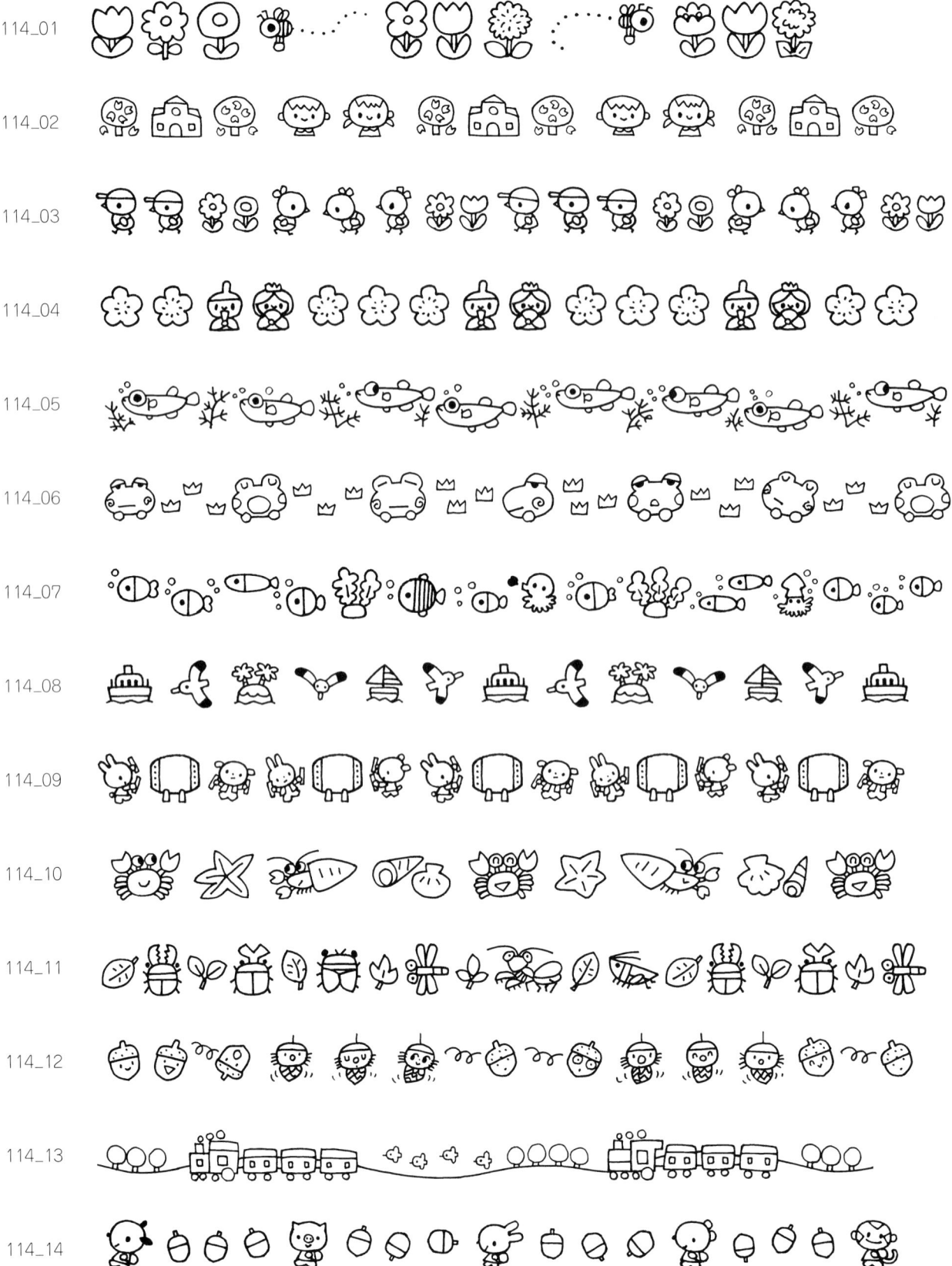

114_01
114_02
114_03
114_04
114_05
114_06
114_07
114_08
114_09
114_10
114_11
114_12
114_13
114_14

114

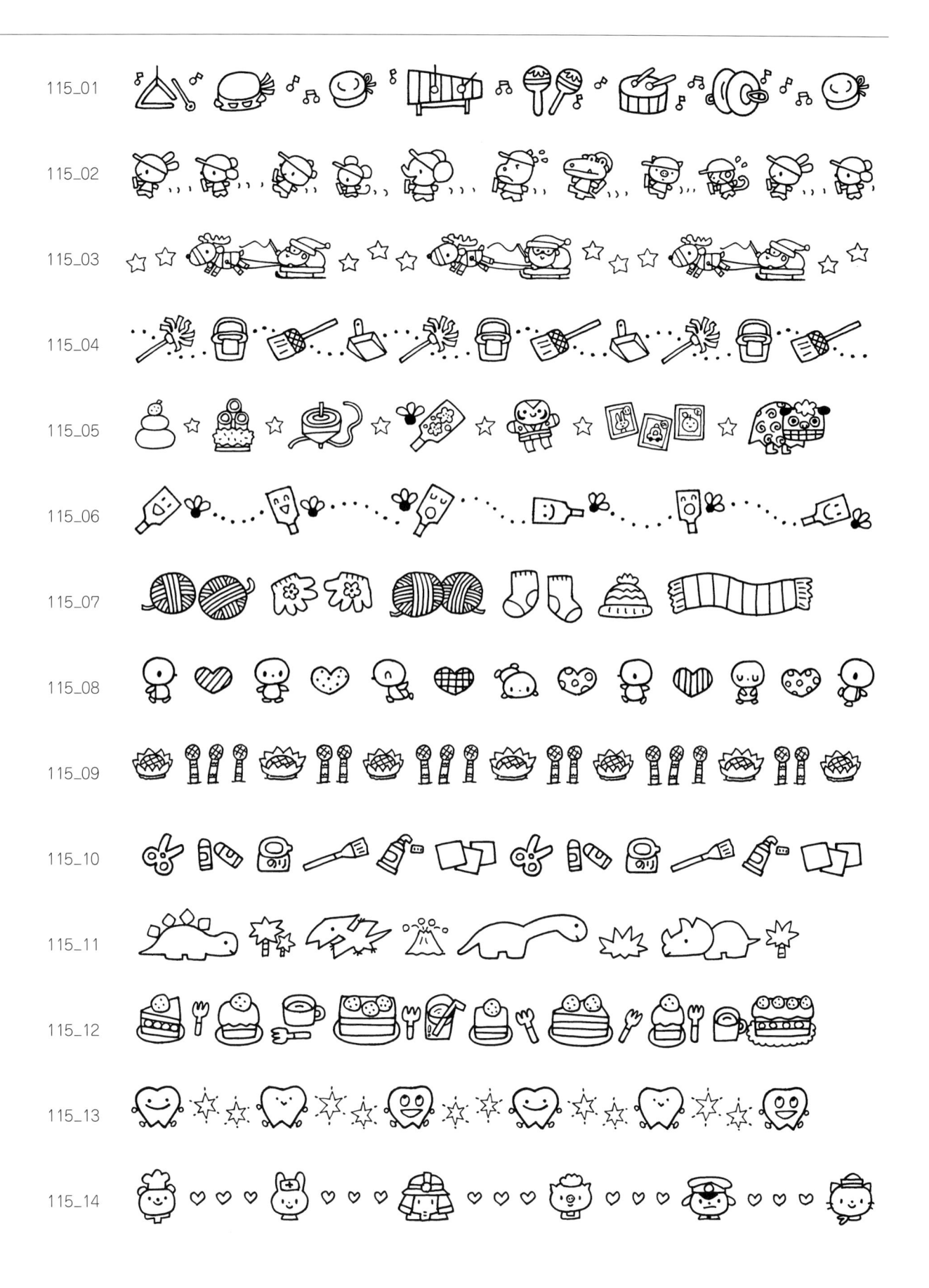

115_01
115_02
115_03
115_04
115_05
115_06
115_07
115_08
115_09
115_10
115_11
115_12
115_13
115_14

飾り罫（縦）

116_01 116_02 116_03 116_04 116_05 116_06 116_07 116_08 116_09 116_10 116_11 116_12 116_13 116_14

116_15 116_16 116_17 116_18 116_19 116_20 116_21 116_22 116_23 116_24 116_25 116_26 116_27 116_28

116

117_01 117_02 117_03 117_04 117_05 117_06 117_07 117_08 117_09 117_10 117_11 117_12 117_13 117_14

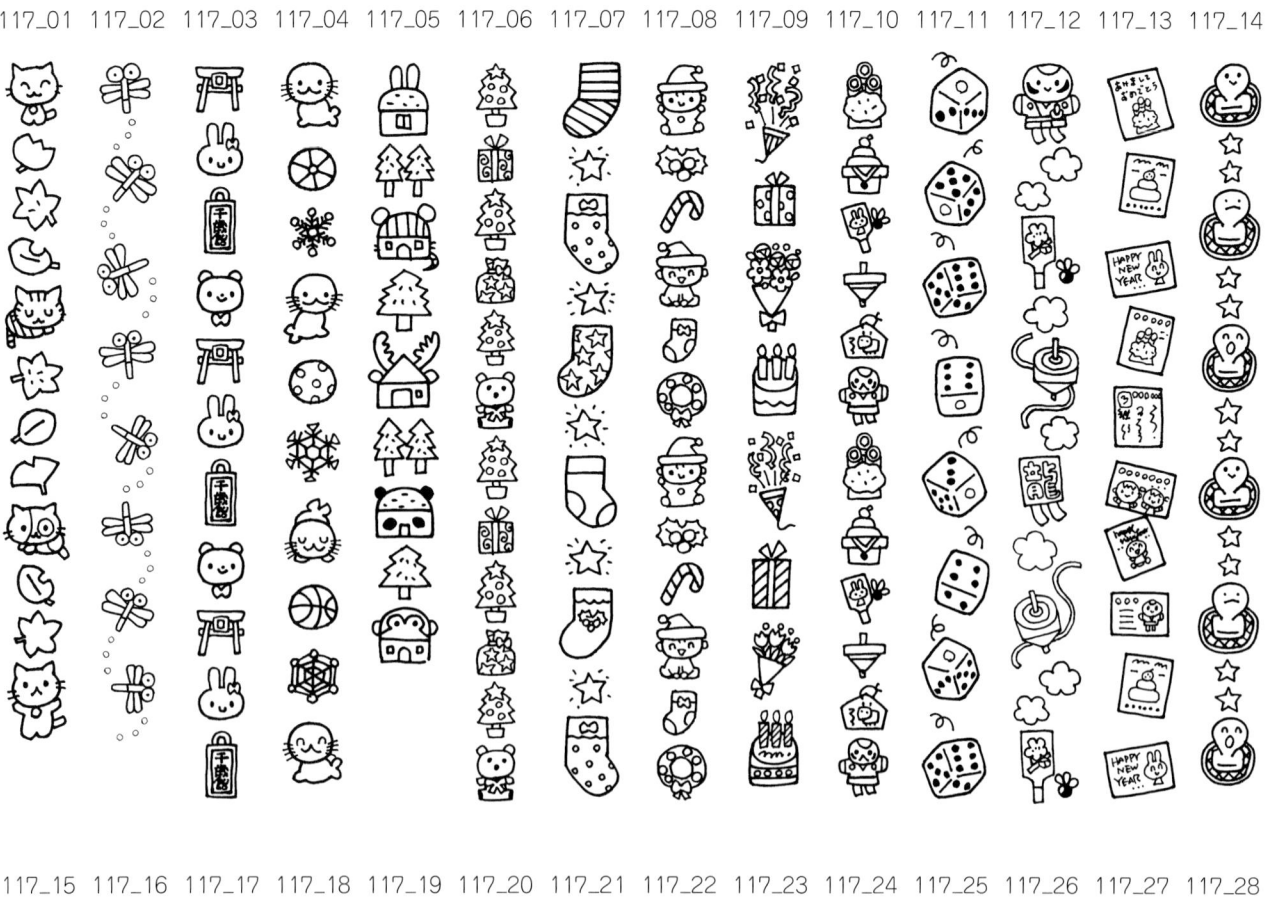

117_15 117_16 117_17 117_18 117_19 117_20 117_21 117_22 117_23 117_24 117_25 117_26 117_27 117_28

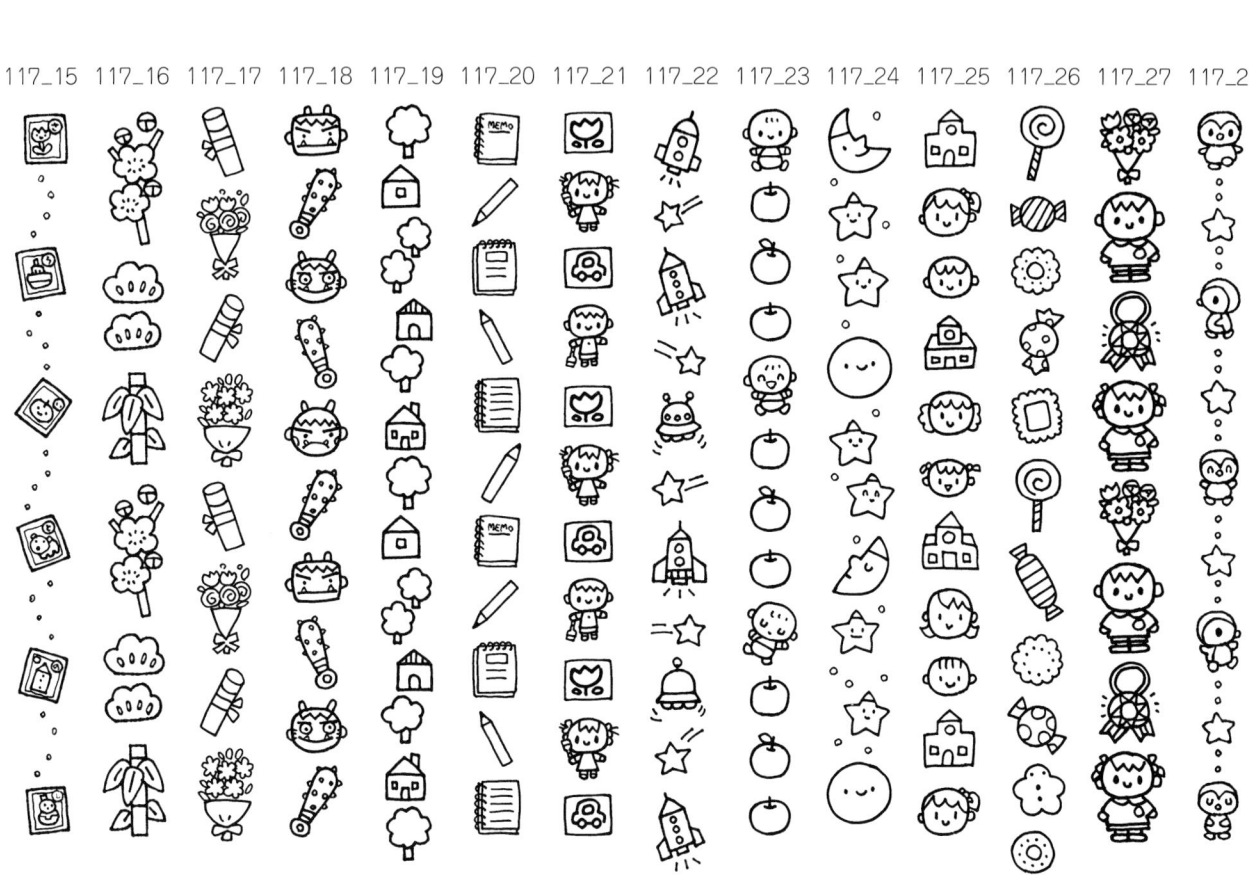

飾り罫（縦・角）

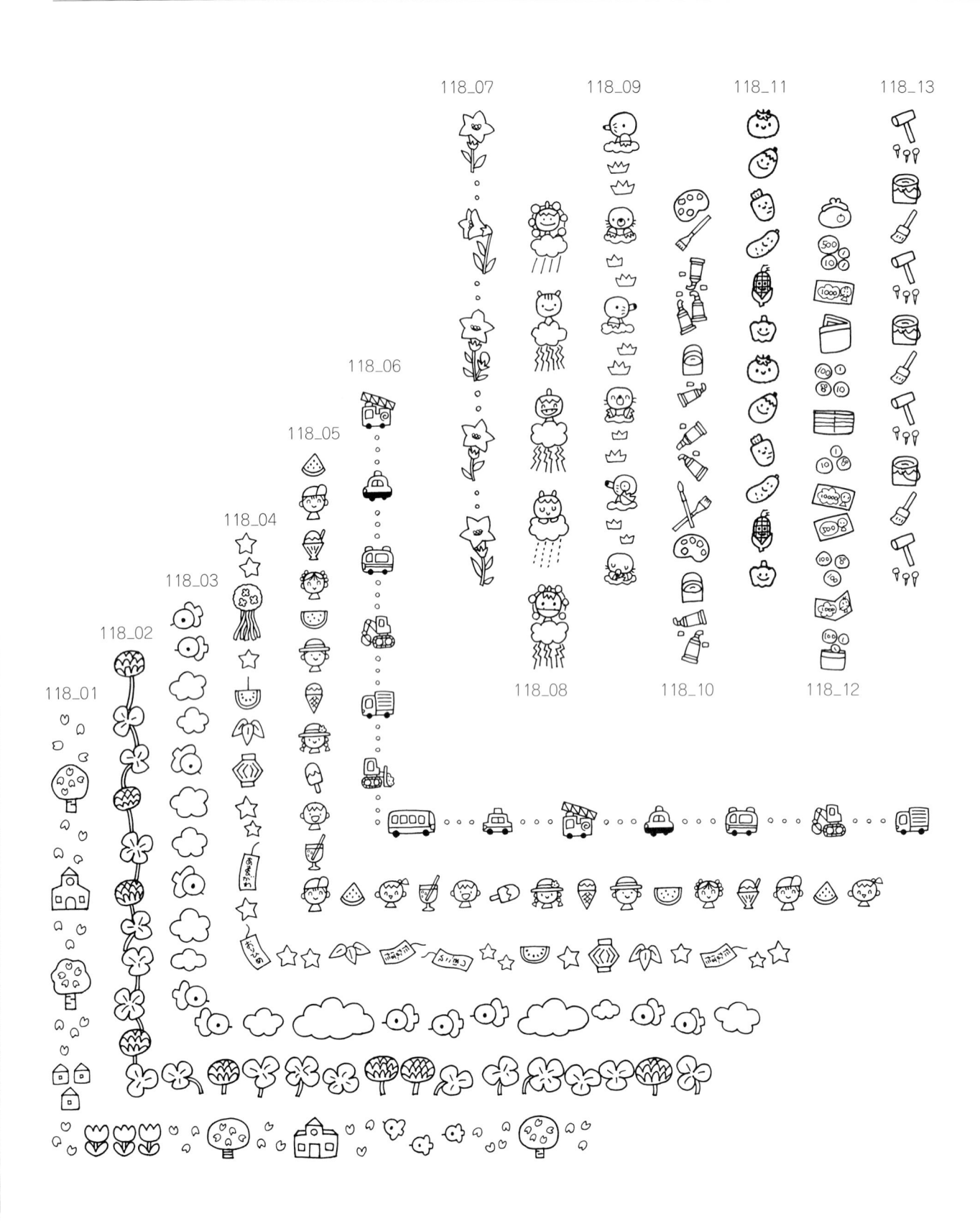

mono illust ▶ 05_all seasons_m ▶ p118_119

118_01 118_02 118_03 118_04 118_05 118_06 118_07 118_09 118_11 118_13

118_08 118_10 118_12

119_01　119_03　119_05　119_07

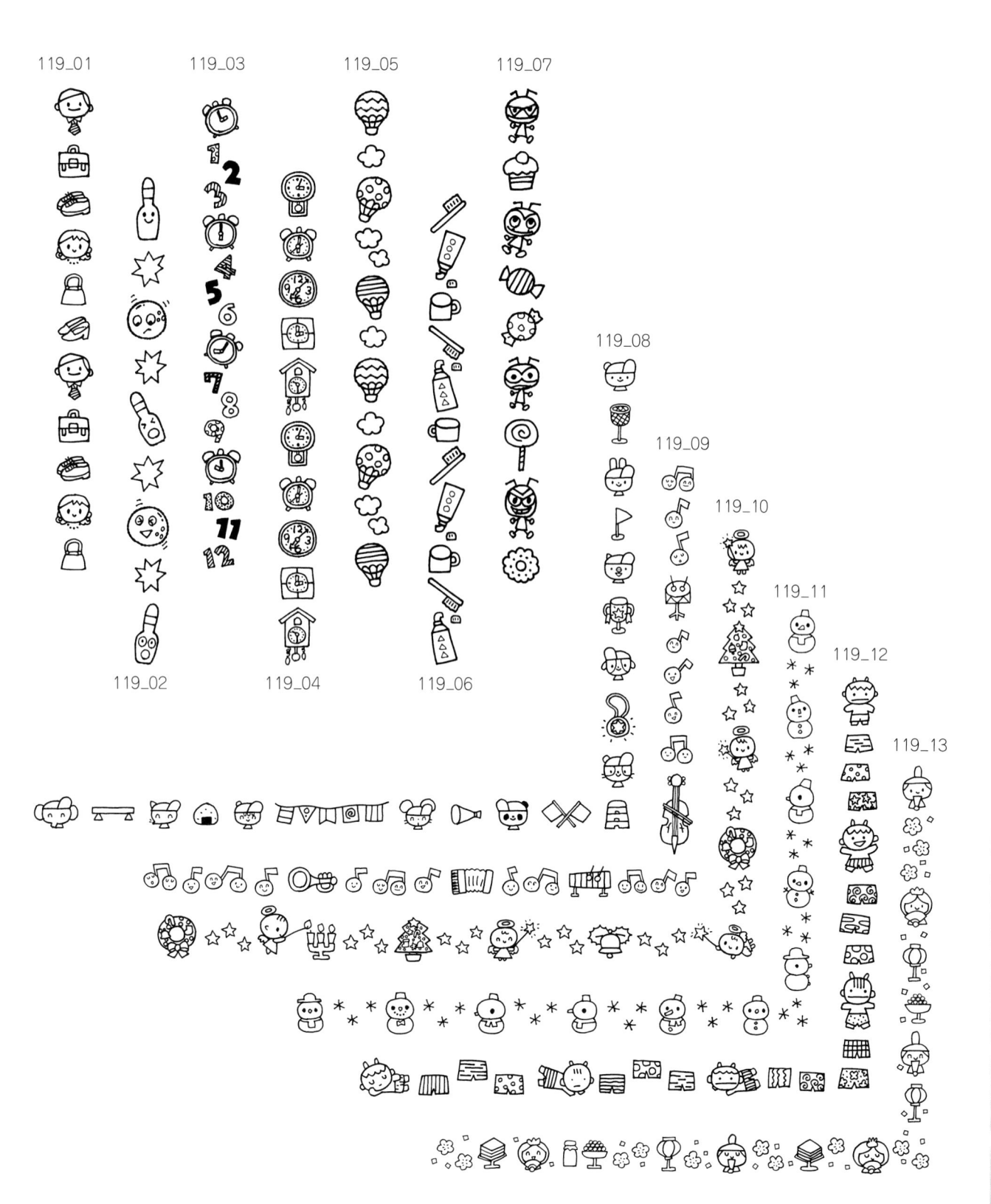

119_08

119_09

119_10

119_11

119_12

119_13

119_02　119_04　119_06

見出し（行事）

mono illust ▶ 05_all seasons_m ▶ p120_121

120_01 入園おめでとう
120_02 入園説明会
120_03 進級おめでとう
120_04 懇談会のお知らせ
120_05 保護者会のお知らせ
120_06 身体測定
120_07 園外保育
120_08 親子遠足
120_09 保育参観
120_10 夕涼み会
120_11 お泊まり保育
120_12 衣替え
120_13 お月見
120_14 いもほり
120_15 作品展
120_16 運動会
120_17 運動会
120_18 秋の遠足

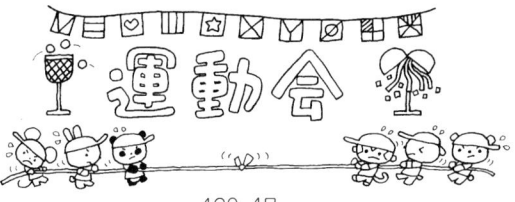

120

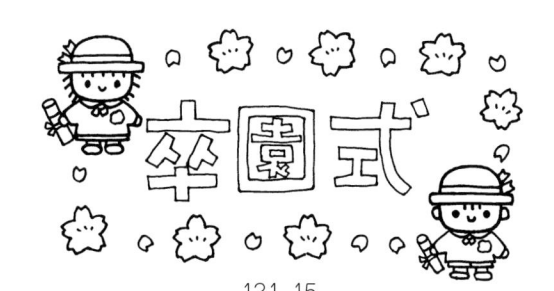

- 121_01 もちつき大会
- 121_02 お誕生会
- 121_03 生活発表会
- 121_04 クリスマス
- 121_05 発表会
- 121_06 発表会
- 121_07 あけましておめでとう
- 121_08 新年おめでとうございます
- 121_09 休園のお知らせ
- 121_10 卒園製作
- 121_11 ひな祭り会
- 121_12 豆まき
- 121_13 卒園おめでとう
- 121_14 マラソン大会
- 121_15 卒園式
- 121_16 お別れ会

121

mono illust ▶ 05_all seasons_m ▶ p122_123

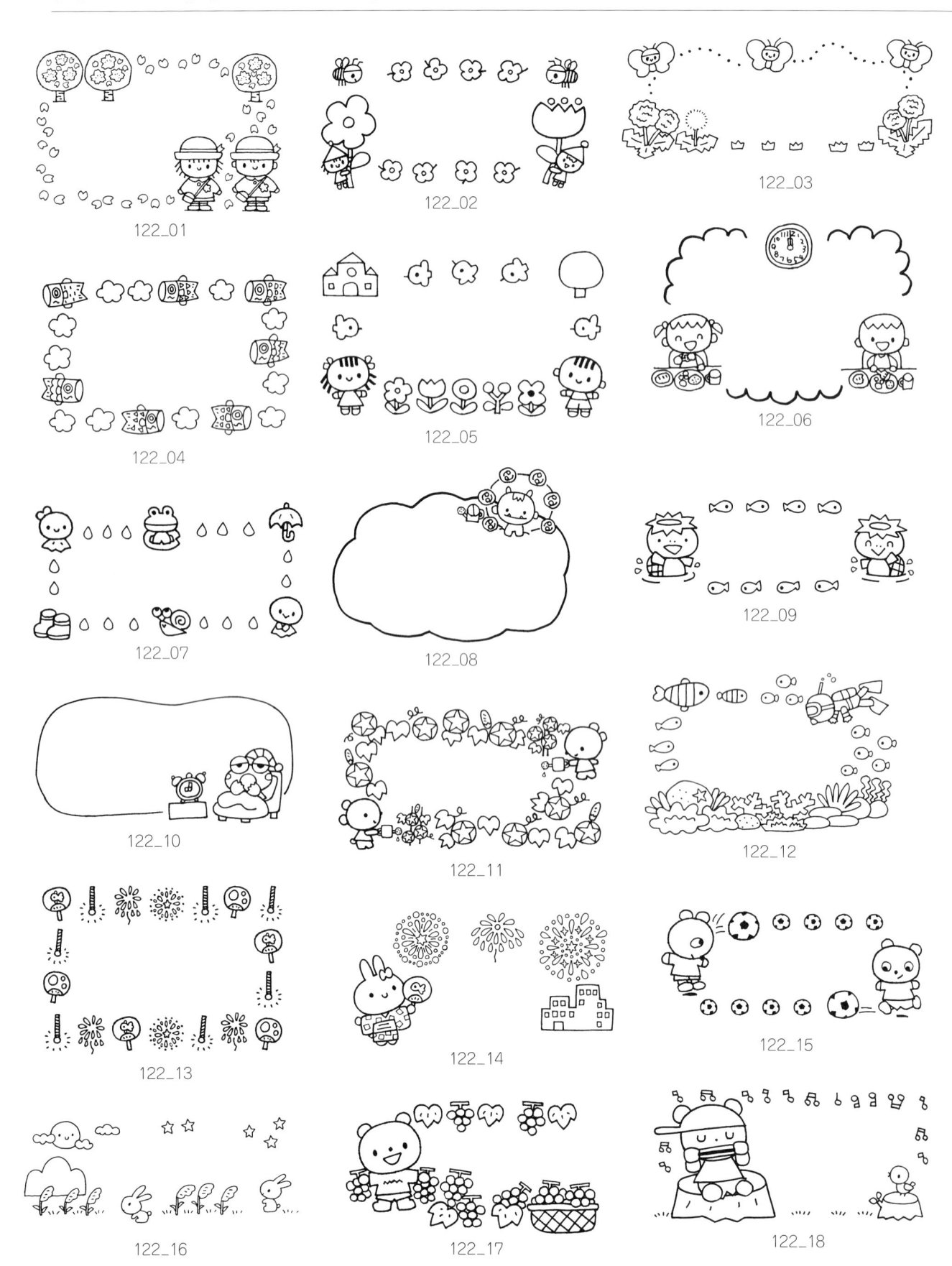

見出し（フリー）

122_01
122_02
122_03
122_04
122_05
122_06
122_07
122_08
122_09
122_10
122_11
122_12
122_13
122_14
122_15
122_16
122_17
122_18

122

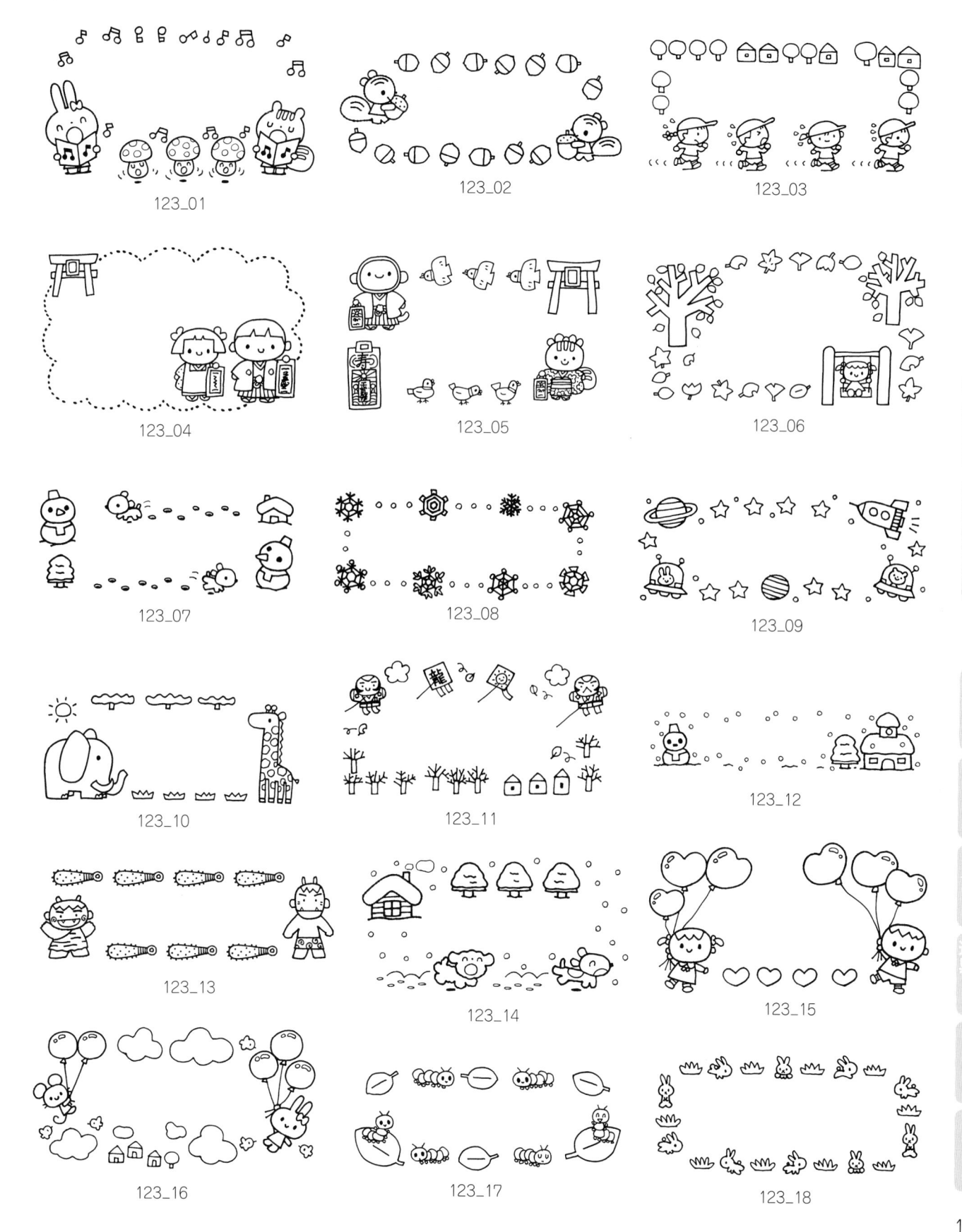

123_01 123_02 123_03
123_04 123_05 123_06
123_07 123_08 123_09
123_10 123_11 123_12
123_13 123_14 123_15
123_16 123_17 123_18

はる なつ あき ふゆ オールシーズン 植物・自然 生き物 年行事・イベント 生活・道具 食べ物 乗り物

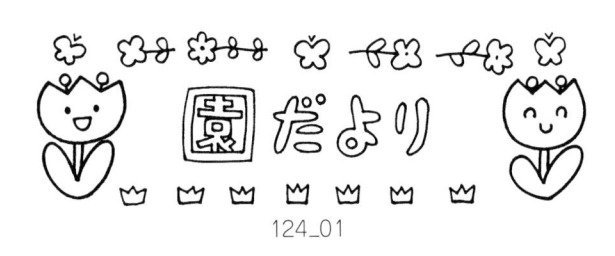

見出し（園だより・クラスだより）

mono illust ▶ 05_all seasons_m ▶ p124_125

124_01

124_02

124_03

124_04

124_05

124_06

124_07

124_08

124_09

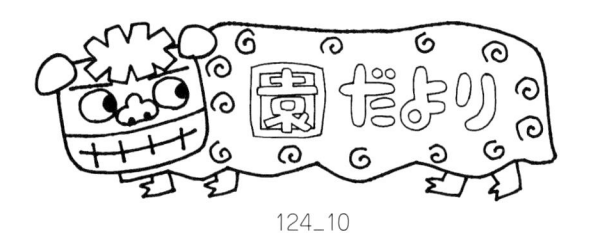

124_10

124_11

124_12

125_01

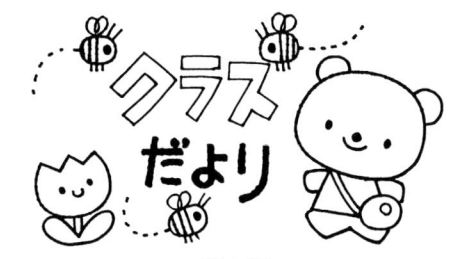

125_02

125_03

125_04

125_05

125_06

125_07

125_08

125_09

125_10

125_11

125_12

見出し（お知らせ・お願いなど）

mono illust ▶ 05_all seasons_m ▶ p126

CD-ROMの使い方

ここでは、『Windows7』で動く『Microsoft Office Word 2010』を利用した操作手順をご紹介します。本書付属のCD-ROMに収録されているイラストを使って、"おたより"や"季節のカード"など、楽しくてワクワクする作品を作ってみましょう。

＊本書は、『Windows7』に『Office Word 2010』をインストールした状態の画面で解説しています。お使いになっているパソコンの動作環境などによって、操作方法や画面表示が異なる場合があります。

ご利用の前に！
CD-ROMをご利用になる前に、必ずお読みください

動作環境について
本書付属のCD-ROMをご利用いただくには、以下のものが必要です。
●パソコン
パソコンにCD-ROMドライブ、またはCD-ROMを読み込めるDVD-ROMドライブが装備されたもの。
●対応OS
[Windows] Windows Vista・Windows XP・Windows7
[Macintosh] Mac OS10.x
●アプリケーションソフト
BMP画像を扱えるアプリケーションソフト。

ご注意
本書付属のCD-ROMは、音楽CDではありません。パソコンのCD-ROMドライブ、またはCD-ROMを読み込めるDVD-ROMドライブのみでお使いください。
CD-ROMに収録されたデータは、BMP形式の画像ファイルです。拡大するとぎざつきが目立つ場合があります。また、お使いのプリンターやディスプレイの設定などにより、イラストの色調が本書掲載物と異なる場合があります。

データの使用許諾について
本書付属のCD-ROMに収録されているイラストデータは、本書をご購入されたお客様のみに使用が許可され、営利を目的としない園だよりや学校新聞、プライベートなカード等に使用できます。園の広告、マーク、ホームページ（個人的なものを含む）などには無断で使用することはできません。
本書付属のCD-ROMに収録されているデータを無断でコピーおよび頒布することは、著作権法上で固く禁じられています。

CD-ROM取扱い上の注意
CD-ROMの裏面に汚れや傷をつけると、データが読み取れなくなる場合がありますので、取扱いには十分ご注意ください。本書付属のCD-ROMを使用して生じたデータ消失、ハードウエアの破損等に関しましては、いかなるトラブルも補償できません。お使いのパソコンの説明書や注意をよく読んでからご使用ください。

＊Microsoft Windowsは、米国Microsoft Corporationの登録商標です。Macintoshは、米国Apple Inc.の商標です。その他、記載されている製品名は、各社の登録商標および商標です。本書では、商標登録マークなどの表記は省略しています。

はじめに Word 2010 の画面

「Microsoft Word 2010」は、文書を作るためのソフトウエアです。
ここからは、Word 2010 を使った、本書付属の CD-ROM の使い方を紹介します。
最初に、Word 2010 の画面構成について説明します。

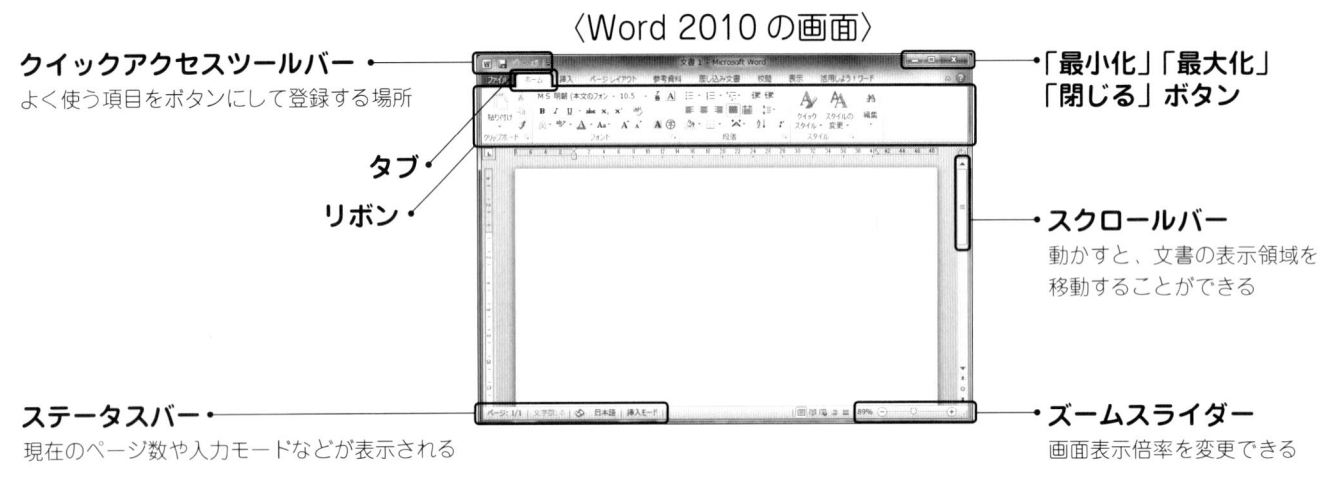

〈Word 2010 の画面〉

- **クイックアクセスツールバー**
  よく使う項目をボタンにして登録する場所
- **タブ**
- **リボン**
- **「最小化」「最大化」「閉じる」ボタン**
- **スクロールバー**
  動かすと、文書の表示領域を移動することができる
- **ステータスバー**
  現在のページ数や入力モードなどが表示される
- **ズームスライダー**
  画面表示倍率を変更できる

〈リボンの種類〉

Word 2010 には、操作ボタンを集めた場所（リボン）があります。これは、Word 2003 以前にあった「メニューバー」や「ツールバー」と同様のものです。操作項目は、目的ごとにまとめられたリボンに分けられており、それぞれのリボンの見出し（タブ）をクリックすることで、表示が切り替わります。ここでは主な 4 種類のリボンを紹介します。

●ファイルタブ
文書全体についての操作を行う機能をまとめたリボン。
文書の保存、印刷などができます。

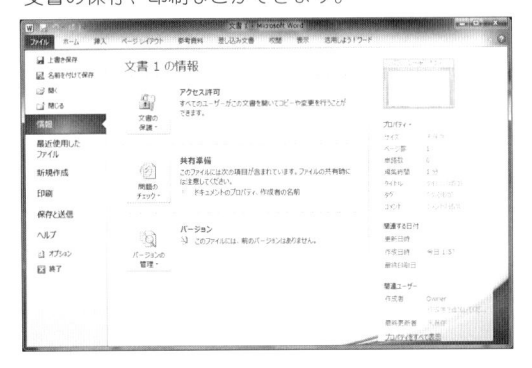

●ホームタブ
文書作成のための基本機能をまとめたリボン。
書式設定、文字のコピーや貼り付けなどができます。

●挿入タブ
図や写真の挿入などができます。

●ページレイアウトタブ
用紙のサイズや余白設定などができます。図の配置時にも使用。

ほかにも以下のようなリボンがあります。

- **参考資料タブ**
  文書に目次や脚注などを加えられます。長文作成時に役立ちます。
- **差し込み文書タブ**
  はがきや封筒などの作成ができます。
- **校閲タブ**
  文字の校正やコメントの入力などに利用します。
- **表示タブ**
  画面の拡大率の設定など、文書の表示方法を変更する際に使用。

パソコンの基本操作

クリック
マウスボタン（2 つある場合は左ボタン）を 1 回押す。

ダブルクリック
マウスボタン（2 つある場合は左ボタン）を 2 回続けて押す。

ドラッグ＆ドロップ
マウスボタン（2 つある場合は左ボタン）をクリックしたままマウスを移動させて、目的の場所でクリックした指を離す。

1. 印刷する紙の設定をしよう

Wordでは用紙サイズの他、1行の文字数や1ページの行数、文字の種類など、文書の体裁を設定する「ページ設定」ができます。
設定はいつでも変えられますが、後から変更すると体裁が崩れてしまうことがあるため、文書を入力する前に設定することをおすすめします。

Step1 Wordを起動する

画面左下にある［スタート］ボタンから、「すべてのプログラム」→「Microsoft Office」→「Microsoft Word 2010」をクリックします。

- スタートボタン
- すべてのプログラム 
- Microsoft Office 
- Microsoft Word 2010

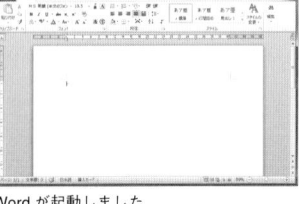

Wordが起動しました。

Step2 用紙サイズを設定する

「ページレイアウト」タブをクリックします。
「サイズ」ボタンの「▼」をクリックして作りたい用紙サイズを選択。

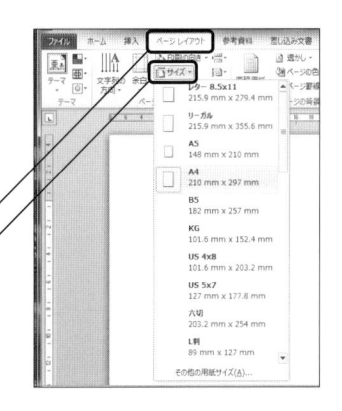

- 「ページレイアウト」タブ
- 「サイズ」ボタン

（右段）

用紙を横長で使用したい場合は、「印刷の向き」ボタンをクリックして「横」を選択します。なお、初期設定では、縦A4サイズ、横書きの文書が開きます。

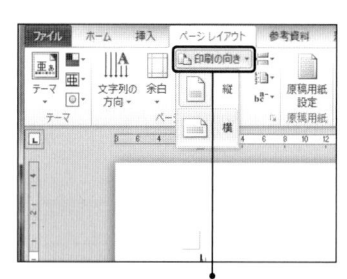

「印刷の向き」ボタン

Step3 余白を設定する

次に「余白」ボタンをクリックして、設定したい余白を選択します。「標準」、「狭い」、「やや狭い」、「広い」などを選んでクリックすると、余白の設定ができます。

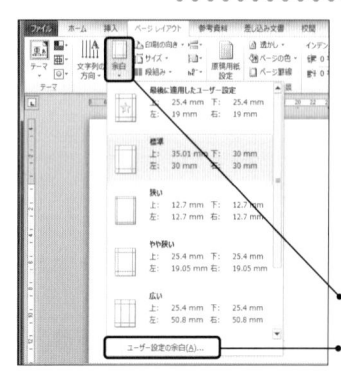

- 「余白」ボタン
- 「ユーザー設定の余白」

任意のサイズで設定するには、「ユーザー設定の余白」を選びます。

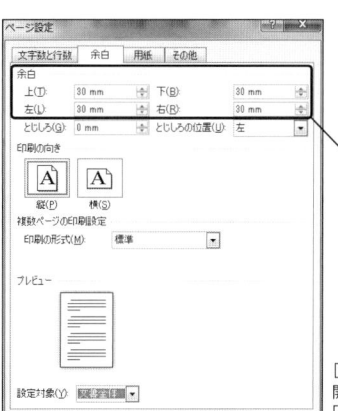

「余白」の「上」「下」「左」「右」ボックス

［ページ設定］画面の余白タブが開いたら、「余白」の「上」「下」「左」「右」ボックスに数値を入力して、「OK」ボタンをクリックします。

「OK」ボタン

2. イラストをレイアウトしよう

Wordには、文字だけでなくイラストを挿入することができます。
本書付属のCD-ROMには、多くのイラストが収録されていますので、
まずは使いたいイラストを選ぶことから始めましょう。

Step1　イラストを挿入する

「挿入」タブを選択して、「図」→「コンピューター」→「DVD RW ドライブ：わらべきみか ベストイラストレーション」を選択します。

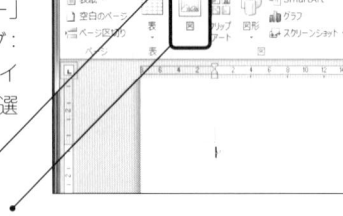

「挿入」タブ
「図」ボタン

使いたいイラストが入っている場所を選択。ここでは「DVD RW ドライブ：わらべきみか ベストイラスト」をクリック。

挿入したいイラストの入っているフォルダを選んでいきます。このとき［図の挿入］画面右上の「表示」ボタンで、表示方法を「中アイコン」にすると縮小画像が表示されます。目的のイラストファイルを見つけたらイラストをクリック（青く表示される）、次に「挿入」ボタンをクリックします。

「表示」ボタン
［図の挿入］画面
目的のイラストを選択して「挿入」ボタンをクリック。
「挿入」ボタン

イラストが挿入されました。

Step2　図の書式設定をする

イラストが自由に移動できるようにするために、図の書式設定をしましょう。挿入したイラストを選択し、「図ツール」の「書式」タブをクリックします。次に「文字列の折り返し」ボタンをクリック。「前面」を選択します。

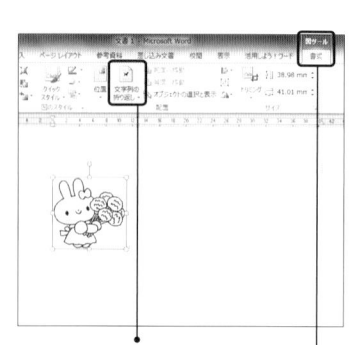

「文字列の折り返し」ボタン
「図ツール」の「書式」タブ

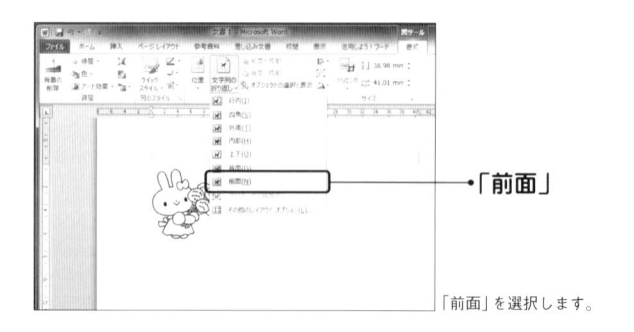

「前面」
「前面」を選択します。

Point
園だよりや作品を作る際、複数のイラストを使いたい場合は、あらかじめイラストを集めて、デスクトップ上に専用のフォルダを作っておくと、作業がしやすいのでおすすめです。

「文字列の折り返し」について

「文字列の折り返し」では、イラストを挿入した際、テキスト（文字列）の中でイラストをどのように配置させるかを設定できます。初期設定では貼り付ける形式が「行内」となっていて、イラストは文字と同じように扱われています。自由に移動できるようにするためには「文字列の折り返し」の設定をしましょう。これを「前面」などにすることで、イラストを自由に動かせるようになります。

行内：
イラストはテキストの中の1文字として扱われる。

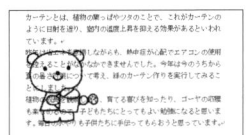

四角：
テキストはイラストを四角形に取り囲んで配置される。

背面：
イラストはテキストの後ろに配置される。イラストとテキストは重なった状態。

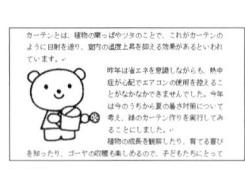

前面：
イラストはテキストの前に配置される。イラストによってテキストが隠される状態になる。

Step3 イラストの位置やサイズを調整する

移動

移動させたいイラストを選択。マウスポインターの十字の先が矢印の形になったところで、そのままドラッグすると、イラストを好きな場所に移動させることができます。

拡大・縮小

ここでは、イラストを拡大・縮小する方法を3パターン紹介します。

a. ドラッグ＆ドロップで拡大・縮小

サイズを変えたいイラストを選択すると、周囲に○や□の[ハンドル]という図形が表示されます。図形の隅の○マークにマウスポインターを合わせると、両端が矢印の形になります。そのまま図形の対角線上へドラッグ＆ドロップすることで、拡大・縮小ができます。

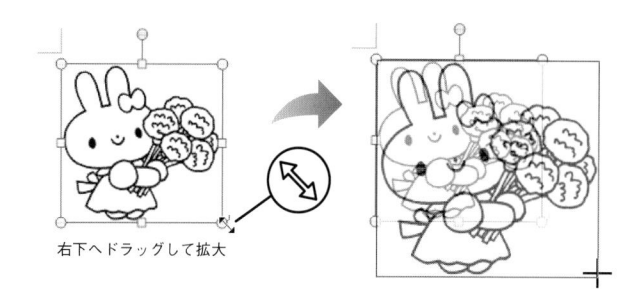

右下へドラッグして拡大

[ハンドル] について

- 四隅の○は縦横同比率で拡大・縮小
- 白い□は縦または横に拡大・縮小

b. サイズを指定して拡大・縮小

イラストを選択し、「図ツール」の「書式」タブを表示させます。「図形の高さ」ボックスに数値を入れて、「Enter」キーを押すことで、希望のサイズに拡大・縮小ができます。このとき、初期設定ではイラストの縦横比が変わらないようになっていますので、「図形の高さ」ボックスに数値を入れると、「図形の幅」の数値も自動的に変更されます。

「図形の高さ」ボックス
「図ツール」の「書式」タブ

c. 倍率を指定して拡大・縮小

「書式」タブの「サイズ」グループにあるダイアログボックス起動ツールを押すと、[レイアウト]画面の「サイズ」タブが開きます。「倍率」で％を指定することで、拡大・縮小ができます。

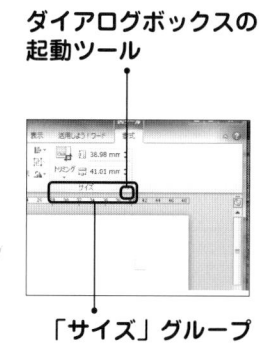

ダイアログボックスの起動ツール

[レイアウト] 画面

「サイズ」グループ

倍率を指定

131

3. 文字を入れよう

ここでは、文字入力用に用意されているテキストボックスを使って、その中に文章を入力する方法を紹介します。テキストボックスはイラストとは別の設定になり、文章のかたまりのまま自由に配置することができます。

Step1 テキストボックスを作る

「挿入」タブ→「テキストボックス」ボタン→「横書きテキストボックスの描画」をクリックします（縦書きのテキストボックスを作成する場合は、「縦書きテキストボックスの描画」を選択します）。十字のマウスポインターが現れるので、それを画面の適当な場所でドラッグすると、テキストボックスが表示されます。

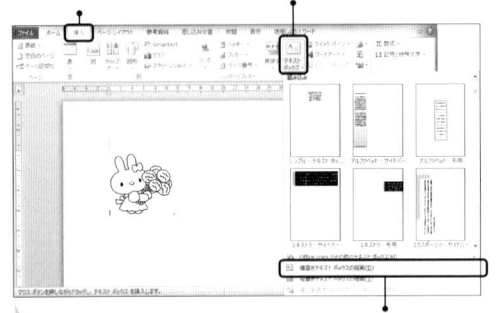

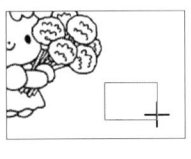

「挿入」タブ　「テキストボックス」ボタン

「横書きテキストボックスの描画」

テキストボックスが表示されました。

Step2 テキストボックスの配置やサイズを変更する

移動

テキストボックスの配置を変更するには、テキストボックスをクリックし、マウスポインターの十字の先が矢印に変わったところでドラッグします。

拡大・縮小

テキストボックスを縦・横に拡大・縮小するには、テキストボックスの周囲の「ハンドル」にマウスポインターを合わせて、両端が矢印の形になったところでドラッグします。

Step3 テキストボックスにテキストを追加

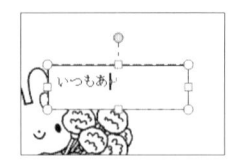

テキストボックスの内側をクリックし、カーソルが点滅した状態でテキストを入力します。

Step4 テキストボックスの書式変更

テキストボックスを選択し、「描画ツール」の「書式」タブを表示させます。
「図形の塗りつぶし」ボタンの「▼」をクリックして、「塗りつぶしなし」を選択すると、テキストボックスで隠されていた部分のイラストが表示されます。

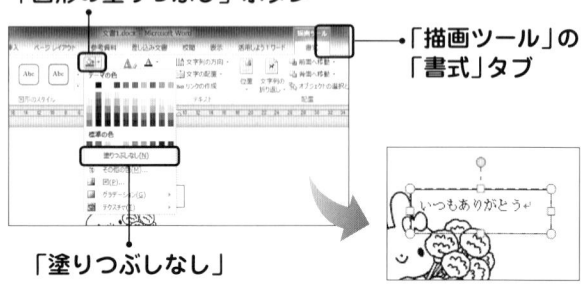

「図形の塗りつぶし」ボタン　「描画ツール」の「書式」タブ

「塗りつぶしなし」

また、テキストボックスには、あらかじめ枠線が付くようになっています。枠線を消すには、「図形の枠線」ボタンの「▼」をクリックして、「線なし」を選択します。これで、テキストボックスの枠線が消えます。

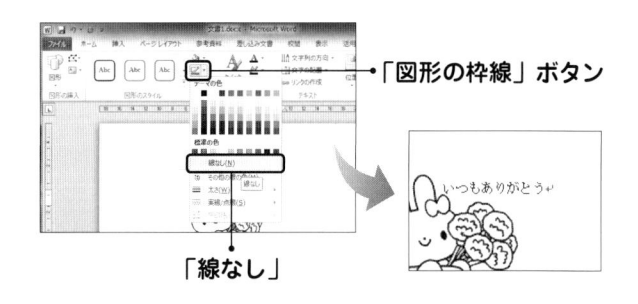

「図形の枠線」ボタン

「線なし」

4. 文字の書体や大きさ、色を変えよう

文字の書体や大きさ、色を変えると、全体の印象が変わるのはもちろんですが、
紙面にメリハリが出て読みやすくなります。
ここでは、テキストボックスに入っている文字の書式設定について紹介します。

Step1 文字の書式設定

テキストボックス内の文字の書式を設定するには、
「ホーム」タブを使用します。

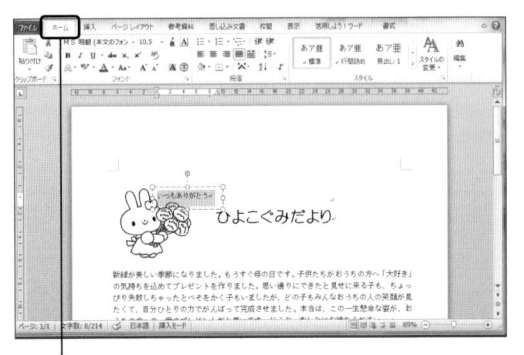

「ホーム」タブ

Step2 書体と大きさを変える

書体

変更したい文字を選択したら、「ホーム」タブの「フォント」ボックスの「▼」をクリックします。表示された書体のリストにマウスポインターを合わせると、変更後の文字を確認することができるので、それを参考に書体を選びます。

変更したい文字を選択。

「フォント」ボックス

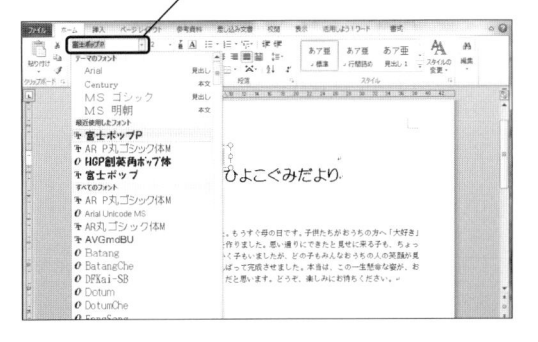

大きさ

フォントボックスの右横にある「フォントサイズ」ボックスの「▼」をクリックして、文字の大きさを選択します。

「フォントサイズ」ボックス

テキストボックス内の文字の
書体と大きさが変わりました。

Step3 色を変える

変更したい文字を選択したら、「ホーム」タブの「フォントの色」ボタンの「▼」をクリックします。表示された一覧にマウスポインターを合わせると、変更後の文字を確認することができるので、それを参考に色を選びます。

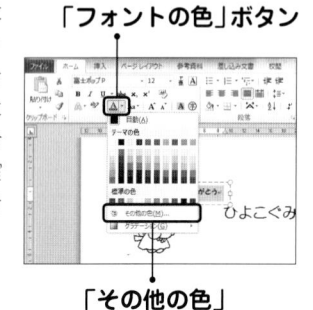

「フォントの色」ボタン

「その他の色」

「フォントの色」ボタンで表示された一覧に使いたい色がない場合は、「その他の色」から設定することができます。

「その他の色」を選ぶと、[色の設定画面]が表示され、そこから詳細な色設定ができます。

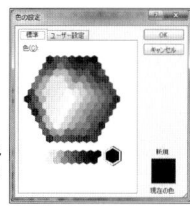

その他の書式設定について

その他に、文字を太字にする、斜体にする、文字の背景に色・網かけを付ける、文字に下線を付ける、ふりがなを付けるなどの設定を、「ホーム」タブから行うことができます。

133

5. 飾り罫・見出しでデザイン性アップ

本書付属の CD-ROM には、飾り罫や見出しのデータが数多く収録されています。
これらを文章の区切りや用紙の上下、コーナーに入れることで、
よりデザイン性の高い文書に仕上げることができます。

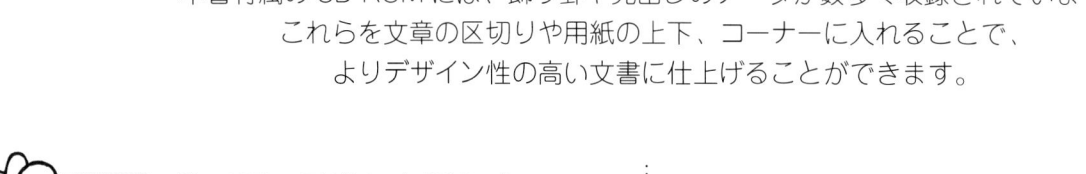

Step1 飾り罫・見出しを挿入する

P130 の『2. イラストをレイアウトしよう』の要領で、「挿入」タブを選択して、「図」→「コンピューター」→「DVD RW ドライブ：わらべきみか ベストイラストレーション」から使いたい飾り罫・見出しの入っているフォルダを選んでいき、挿入します。全体のバランスを確認しながら、位置やサイズを調整しましょう。

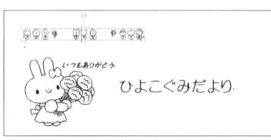

上部に飾り罫が挿入されました。

飾り罫をコピーする

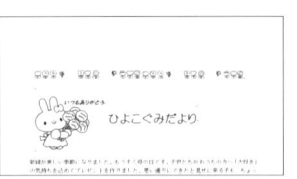

挿入した飾り罫をクリック。キーボードの「Ctrl」キーを押しながらドラッグすると、飾り罫がコピーできます。

Step2 フリー見出しに文字を組み合わせよう

フリー見出し（P122、P123 掲載分）に、テキストボックスを使って文字を組み合わせます。
挿入したフリー見出しをクリック。「挿入」タブを選択して、「図形」ボタンをクリック、現れた一覧の中から、「基本図形」の最初に入っている「テキストボックス」を選択します。

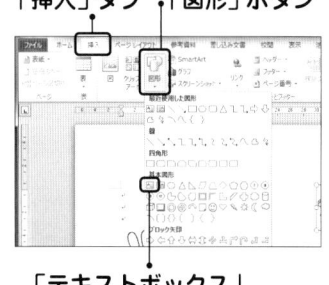

「挿入」タブ　「図形」ボタン

「テキストボックス」

十字のマウスポインターが現れるので、それをフリー見出しの上でドラッグすると、テキストボックスが表示されます。そこに文字を入力します。

次に、P132 の『Step4 テキストボックスの書式変更』の要領で、「図形の塗りつぶし」ボタンの「▼」をクリックして、「塗りつぶしなし」を選択します。

「図形の塗りつぶし」ボタン

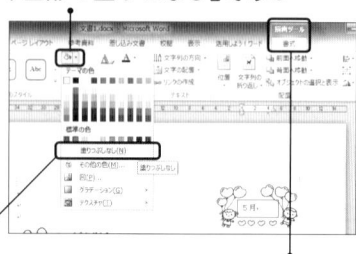

「塗りつぶしなし」

「描画ツール」の「書式」タブ

また、「図形の枠線」ボタンの「▼」をクリックして、「線なし」を選択。これで、テキストボックスの枠線が消えます。

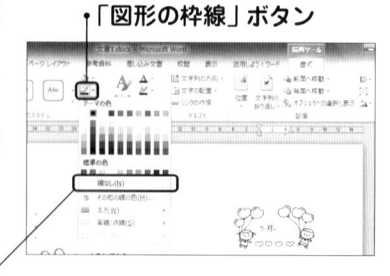

「図形の枠線」ボタン

「線なし」

さらに、テキストボックス内の文字を選択して、文字の書体や大きさを指定しましょう。P133 の『Step2 書体と大きさを変える』の要領で、「ホーム」タブの「フォント」ボックス、「フォントサイズ」ボックスを使って変更します。

「ホーム」タブ　「フォント」ボックス

「フォントサイズ」ボックス

フリーの見出しの中に、文字が入りました。

6. 作ったデータを保存・印刷しよう

文書の作成を中断・終了するときは必ず保存しておきましょう。
その際、わかりやすい名前を付けて保存します。作成が終了したら、いよいよ印刷です。

Step1 名前を付けて保存する

「ファイル」タブをクリックして、「名前を付けて保存」を選択（すでに保存済みの文書の場合は、「上書き保存」をクリックします）。

「ファイル」タブ
「名前を付けて保存」
「上書き保存」

Step2 保存する場所を選択

現れた画面で保存する場所を選択。さらに、「ファイル名」のボックスにわかりやすいファイル名を入力して、右下の「保存」ボタンをクリックします。

ファイル名を入力
保存する場所を選択
「保存」ボタン

Step3 印刷する

「ファイル」タブをクリックして、印刷を選択。使用するプリンターを確認して、印刷部数を選んだら、「印刷」ボタンをクリックします。

「ファイル」タブ
「印刷」ボタン
印刷部数
「印刷」を選択
プリンターを確認

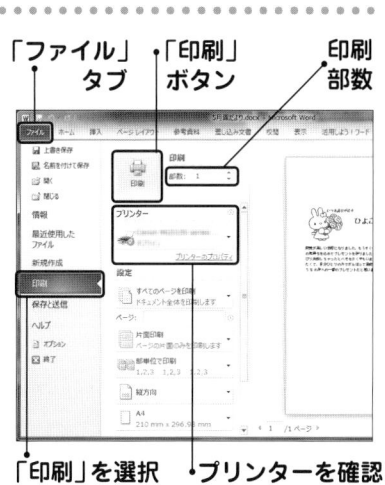

旧バージョンでも開ける形式で保存する

『Step1、2』の手順で保存した文書は、「Word 2007」から採用されたファイル形式で保存されます。拡張子は「.docx」で、「Word 2003」以前のバージョンでは開くことができません。2003以前のバージョンでも開けるようにするには、以下の手順で保存します。

1 「ファイル」タブをクリックして、「名前を付けて保存」を選択。

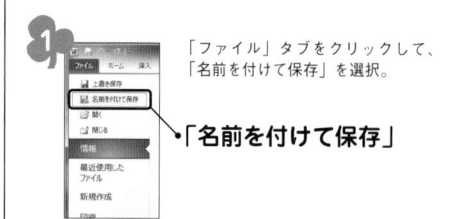

「名前を付けて保存」

2 保存する場所を選択　「ファイルの種類」

「Word 97-2003 文書」
「▼」

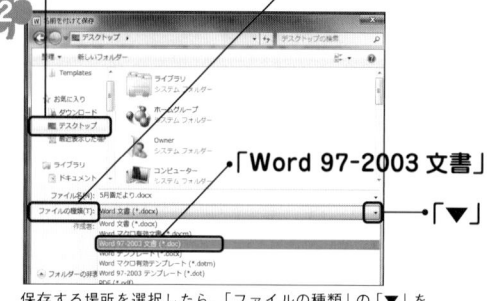

保存する場所を選択したら、「ファイルの種類」の「▼」をクリックして、一覧から「Word97-2003文書」を選択。

3 ファイル名のボックスにファイル名を入力。右下の「保存」ボタンをクリックします。

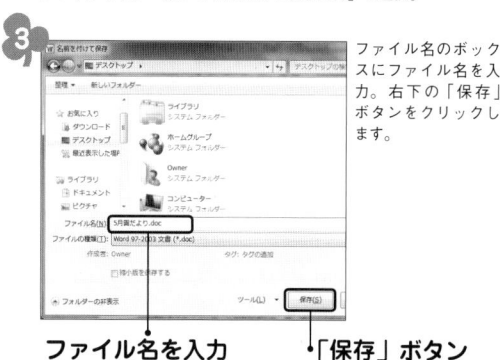

ファイル名を入力
「保存」ボタン

4 「Word 2007」以降で追加された機能を使って文書を作成した場合は［Microsoft word 互換性チェック］の画面が表示されるので、「続行」ボタンをクリックします。これで、旧バージョンで開けるようになります。

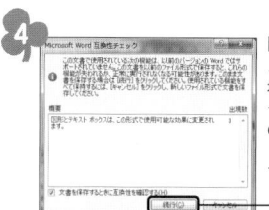

「続行」ボタン

135

<著者紹介>
わらべきみか

1950年熊本県生まれ。中央大学卒業後フリーのイラストレーターになる。1982年、絵本・キャラクターデザインの制作会社「おもちゃ箱」を設立。子どもの知育をテーマとした絵本を多数発表するとともに、保育用品関連にも多くの作品を提供している。また「WARABE FAMILY」のタイトルで数々のグッズの商品化も手がけている。主な絵本作品に『トイレいけるかな』、『はじめてめいさく』シリーズ、『スキンシップ絵本』シリーズ（以上、ひさかたチャイルド）、『ぴったりカード』シリーズ（ポプラ社）、しかけ絵本の『てのひらえほん　とびだす！うごく！』シリーズ（小学館）ほか多数ある。

■イラスト使用にあたって著作権上のご注意■

本書付属のCD-ROMに収録されているイラストデータは、本書をご購入されたお客様のみに使用が許可され、営利を目的としない園だよりや学校新聞、プライベートなカード等に使用できます。ただし、他の出版物、企業や法人のPR広告、商品広告、企業やお店のマーク、ホームページ（個人的なものも含む）などに使用する場合や、園児募集ポスター、パンフレット、園バスのデザイン、その他物品に印刷して販売促進に使用、または商品として販売する場合は、無断で使用することはできません。無断で使用した場合、著作権法により罰せられることもあります。もし使用を希望するときは、事前に著作権者・出版権者の許可および使用料の支払いが必要となります。なお、イラストを変形、または手を加えて上記内容に使用する場合も、許可および使用料の支払いが必要です。また、CD-ROMに収録されているデータを無断でコピーして頒布することは、著作権法上で固く禁じられています。

CD-ROMブック
わらべきみか ベストイラストレーション　はるなつあきふゆ

2012年2月　初版第1刷発行
2022年1月　　　　第12刷発行

チャイルド本社ホームページアドレス
https://www.childbook.co.jp/
チャイルドブックや保育図書の情報が盛りだくさん。どうぞご利用ください。

著者／わらべきみか　©おもちゃ箱 2012
発行人／大橋 潤
発行所／株式会社チャイルド本社
〒112-8512　東京都文京区小石川5-24-21
電話　03-3813-2141（営業）03-3813-9445（編集）
振替　00100-4-38410
印刷・製本／図書印刷株式会社
ISBN978-4-8054-0195-8 C2037
NDC376　136P　26×21cm　Printed in Japan

カバー・本文デザイン／ふさのちひろ（ariana）
グッズ製作／みつき
撮影／安田仁志
CD-ROM製作／株式会社ケーエヌコーポレーションジャパン
本文・CD-ROM校正／有限会社くすのき舎
編集協力／麻生三矢子
編集／石山哲郎、西岡育子

■乱丁・落丁本はお取り替えいたします。
■本書の無断転載、複写複製（コピー）は、著作権法上での例外を除き禁じられています。
■本書を代行業者等の第三者に依頼してスキャンやデジタル化することは、たとえ個人や家庭内の利用であっても、著作権法上、認められておりません。